DAS GOLDENE BUCH

WARSCHAU

Text von
Tamara Łozińska

BONECHI-GALAKTYKA

REGISTER

Verlagsidee und Projekt: Casa Editrice Bonechi
Verlagsdirektor: Monica Bonechi; *Bildrecherchen:* Monica Bonechi
Graphischer Entwurf, Video-Umbruch und Umschlag: Manuela Ranfagni; *Texte von* Tamara Łozińska,
Revision und Überarbeitung durch das Verlags-Team der Casa Editrice Bonechi *in Zusammenarbeit mit* Patrizia Fabbri
Redaktion: Elena Rossi; *Übersetzung:* Andreas Hein und Heide Marianne Siefert
Zeichnungen: Stefano Benini (S. 8-9, 30-31, 38-39), Serena De Leonardis (S. 4)

© Copyright 2008
by Casa Editrice Bonechi, Florenz - Italien
E-mail: bonechi@bonechi.it

Druck in Italien: Centro Stampa Editoriale Bonechi.

Die Fotos sind Eigentum des Verlagsarchivs der Casa Editrice Bonechi *und wurden von* Marco Bonechi *und von* Andrea Pistolesi *aufgenommen.*
Weitere Fotobeiträge: Jan Morek: S. 60.
Roger-Viollet/Archivi Alinari: S. 70 unten rechts, 71 unten, 97 oben rechts und unten.
Die Fotos auf S. 70 oben und unten links, 71 oben, 96 und 97 oben links wurden freundlicherweise von Galaktyka Sp. zo.o. zur Verfügung gestellt und sie gehören zum Archiv IPN (S. 97 oben links), zum Archiv ŻIH (S. 96) und zum MPW (S. 70 oben una unten links, 71 oben).

Der Herausgeber bittet um Verständnis für versehentlich nicht ausgewiesene Fotos und steht nach entsprechenden Hinweisen für eventuelle nachträgliche Ansprüche zur Verfügung.

ISBN 978-88-476-2192-3
www.bonechi.com

• • •

EINFÜHRUNG

Die ersten Siedlungen auf dem Stadtareal des heutigen Warschau erfolgten im 10. und 11. Jahrhundert. Am Ende des 13. Jahrhunderts wurde eine Festung gebaut, die den Herzögen von Masowien als Residenz diente. Bald entstand auch eine Stadt, die zusammen mit der Festung den Namen Warszowa trug (bis zum 17. Jahrhundert blieb dies der einzige Name des heutigen Warschau). In den dreißiger Jahren des 15. Jahrhunderts war die Stadt bereits ausgebaut und befestigt. Ein Jahrhundert später wurde Warschau die Hauptstadt von Masowien. 1526, als die Dynastie der masowischen Herzöge ausstarb, erfolgte dann die Eingliederung der Region in den Kronbesitz.

Im 16. Jahrhundert nahm die politische Bedeutung der Stadt ständig zu, vor allem wegen ihrer zentralen Lage. Ab 1569 trat in Warschau das Parlament (Sejm) zusammen, und seit 1573 wurde hier auch der polnische König gewählt. 1596 beschloss König Sigismund III. Wasa, die königliche Residenz und die Staatsverwaltung von Krakau nach Warschau zu verlegen. Der Ausbau als Residenz und Hauptstadt Polens brachte eine bedeutende Entwicklung und städtebauliche Ausdehnung mit sich. In den Vororten entstanden viele schöne Adelspaläste. Unter der Herrschaft der Wasa verwandelte sich Warschau nicht nur in das politische und verwaltungstechnische Zentrum, sondern auch, dank dem Patronat des Königs und der Großgrundbesitzer, in eine Metropole der Kunst, Wissenschaft und Kultur. Kriege mit Schweden verursachten in der Mitte des 17. Jahrhunderts einen Rückschlag in der Stadtentwicklung. Zwischen 1655 und 1658 erlitt Warschau wegen Belagerungen, Niederlagen und der schwedischen Besatzung schwere Verluste. Glücklicherweise konnte es nach der Befreiung ziemlich rasch wieder aufgebaut werden. Einer der bei der Restaurierung tätigen Persönlichkeiten war der hervorragende holländische Architekt Tylman van Gameren, den Marschall Stanisław Herakliusz Lubomirski nach Polen geholt hatte. Zu seinen Bauwerken zählen die Paläste für die Familien Krasiński und Gniński (Ostrogski) und das Handelszentrum, genannt Marywill, das man auf Initiative von Königin Maria Kasimira errichtet hatte (es wurde 1825 abgerissen). In der 2. Hälfte des 17. Jahrhunderts entstand auch die Vorstadtresidenz für König Johann III. Sobieski. Die Kriege des frühen 18. Jahrhunderts und die Pest verhinderten erneut die wirtschaftliche Entwicklung und damit den Ausbau der Stadt.

1716 begann eine Friedenszeit, in der Warschau wieder aufblühte. Große Projekte im Rahmen einer Urbanisation wurden unter der Herrschaft der Sachsenkönige August II. und August III. in Angriff genommen, die Sächsische Achse (davon haben sich nur die Sächsischen Gärten erhalten) und die Kavalleriestraße (die heutige Ujazdowskie-Allee), die natürliche Verlängerung der Straße, die von der Altstadt zum Königsschloss und die über Krakowskie Przedmieście und Nowy Świat nach Wilanów führte. Man baute neue Paläste und Kirchen. Seit 1742 hatte das Pflastersteinkomitee unter Marschall Franciszek Bieliński die Verantwortung für die Stadtreinigung. Unter der Regentschaft von Stanislaus August war Warschau das Zentrum der polnischen Aufklärung. Die klügsten

Köpfe der damaligen Zeit, die das Land reformieren und von innen her stärken wollten, hatten sich um den König geschart. Auf Initiative des Königs wurden die Palastanlagen im Łazienki-Park errichtet und das Innere des Königsschlosses ausgebaut. Auch während der polnischen Teilungen kam es zu kulturellen und wissenschaftlichen Initiativen, die die nationale Identität einer um ihren Staat beraubten Nation erhalten sollten. Mittelpunkte dafür waren das polnische Theater und die Gesellschaft der Freunde der Wissenschaft. Trotz der Teilungen konnte letztere die Wissenschaft des gesamten Landes koordinieren. Warschau entwickelte sich zum Brennpunkt für die Unabhängigkeitsbewegung, die von vielen Untergrundorganisationen und vor allem von jungen Leuten geschürt wurde. Im November 1830 kam es zu einem Aufstand, doch mit dessen Niederschlagung endete auch die Entwicklung Warschaus. Es begann eine Zeit des politischen Terrors, Hochschulen und wissenschaftliche Institutionen wurden geschlossen, Kunstsammlungen aus der Stadt entfernt, kulturelle Aktivitäten verboten. Nach 1860 entstanden in der Hauptstadt wieder patriotische Sammlungsbewegungen, die im Januar 1863 in einem Aufstand gipfelten. In Warschau etablierte sich eine nationale Rebellenregierung. Als diese stürzte, wurde die Autonomiebewegung niedergeworfen und die Stadtverwaltung von den Russen übernommen. 1918, nach dem Ersten Weltkrieg, galt Warschau endlich wieder als die Hauptstadt eines unabhängigen Staates. Aber die deutsche Besatzung und der Zweite Weltkrieg brachten für Warschau die allerschlimmsten Verluste. Nach dem Aufstand von 1944 sprengten die Deutschen alle noch stehenden Gebäude und verwandelten die Hauptstadt Polens in ein Trümmerfeld. Gleich nach der Befreiung begann der Wiederaufbau. Alle historischen Anlagen und Gebäude wurden sorgfältig restauriert, man legte größten Wert darauf, sie in ihrer ursprünglichen Form wiederherzustellen. Die Altstadt und die Neustadt, Krakowskie Przedmieście, Nowy Świat, die Ujazdowskie-Allee, die Viertel der Straßenzüge Długa, Miodowa und Senatorska, alles wurde neu gebaut. Das Panorama der Altstadt von der Weichsel aus, die Paläste und Kirchen am Flussufer und die Ujazdowskie-Allee mit eleganten Häusern und Grünanlagen waren wieder die schönsten Stadtteile.

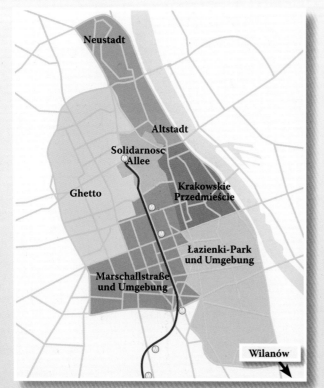

Der Altstädter Marktplatz ist das historische und geographische Herz von Warschau.

Der Schlossplatz mit der hohen Sigismund-Säule und, rechts, eines der typischen alten Hausschilder im historischen Zentrum.

*Weitere Bilder aus der Warschauer Altstadt.
Unten links, das Prażmowski-Haus, die Ulica Piwna (unten Mitte) und eine Ansicht des Schlosses mit der Sigismund-Säule.*

DAS KÖNIGSSCHLOSS

Historischer und architektonischer Brennpunkt von Warschau ist das Königsschloss, ein mächtiger barocker Komplex, der rund um den großen Hof vollkommen wiederaufgebaut wurde und eines der berühmtesten und würdevollsten Monumente der Stadt darstellt.

Die **Geschichte** des Warschauer Schlosses reicht bis ins 13. Jahrhundert zurück. Ein großer gemauerter Turm (später Grodzka, d. h. Stadtturm genannt) wurde in der ersten Hälfte des 14. Jahrhunderts errichtet; in den Jahren 1411-1413 fügte man unter der Regierung von Herzog Janusz I. d. Ä. eine herzogliche Residenz hinzu, die sich später der Große Hof (Curia Maior) nannte. Dort gab es den Anbau eines runden Turmes, der eine Treppe enthielt. Im 15. Jahrhundert kamen noch mehrere Bauten hinzu, die Schutzmauer und der sog. Kleine Hof (Curia Minor).
Nachdem die Dynastie der masowischen Herzöge erloschen war, fiel deren Herzogtum an die Krone, und das Schloss wurde eine königliche Residenz.

DAS SCHLOSS IM 16. UND 17. JAHRHUNDERT

Die Herrschaft von Sigismund II. August begann damit, dass er das Zentrum seiner Macht von Krakau nach Warschau verlegte, und 1569 beschloss man, hier die Versammlungen des *Sejm* abzuhalten. Die neue Bedeutung der Stadt erforderte auch eine Ausdehnung der königlichen Residenz. Mit dem Tod des Königs 1572 wurden die Arbeiten unterbrochen.
Die nächste Bauphase der Schlosserweiterung erfolgte unter der Herrschaft der Wasa, als Sigismund III. das Werk erneut in Angriff nahm. Nach dem Ausbau hatte das Schloss eine fünfeckige Form und einen Innenhof, der bis 1939 nahezu unverändert blieb. Der gotische Grodzka-Turm, der Große Hof und die ehemalige Residenz von Sigismund August blieben auf Wunsch des Königs erhalten, aber im Norden, Westen und Süden wurden neue dreistöckige Flügel hinzugefügt. Auf der Achse des Westflügels errichtete man einen hohen Turm, den sog. Sigismund- oder Uhrturm (1622 hatte man dort eine große Uhr angebracht), der das ganze Schloss beherrscht. Außerdem baute man eine überdachte Passage, die den Küchenhof überquerte und den Palast direkt mit dem königlichen Gestühl in der Stiftskirche St. Johann verband.
Die Pläne für die Schlosserweiterung entwarf wahrscheinlich der Architekt des Königs, Giovanni Trevano; die Bauleitung übernahm zunächst Jacopo Rotondo und anschließend Matteo Castelli.
Sigismund III., und später seine beiden Söhne und Nachfolger Ladislaus IV. und sein Bruder Johann Kasimir, waren alle Kunstliebhaber. Sie erwarben Gemälde in Italien und den Niederlanden und sammelten Gobelins und orientalische Teppiche. Zur Zeit von Sigismund III. kamen englische Schauspieltruppen nach Warschau und führten Dramen von Shakespeare und Marlowe auf, und Ladislaus IV. richtete ein ständiges Theater ein,

Auf dem Schlossplatz kann man unterhalb der Sigismund-Säule die Reste der mittelalterlich-gotischen Brücke erkennen.

an dem Berufsschauspieler auftraten. Der Schwedenein-
fall von 1655 brachte Unglück über das Schloss, es wurde geplündert und demoliert, die Kunstsammlungen
wurden versprengt und viele der berühmtesten Werke
gelangten nach Schweden.

UMBAUTEN IM 18. JAHRHUNDERT

Erst unter den Sachsenkönigen kam es am Schloss
wieder zu Ausbaumaßnahmen. König August II. ließ
den Versammlungsraum des Seym vom Erdgeschoss

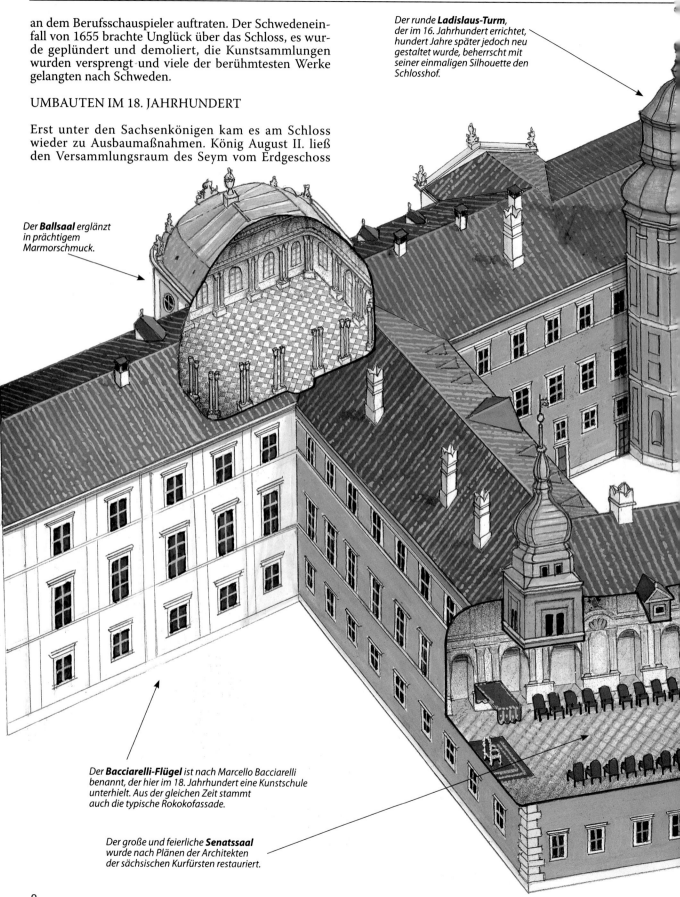

Der runde **Ladislaus-Turm**,
der im 16. Jahrhundert errichtet,
hundert Jahre später jedoch neu
gestaltet wurde, beherrscht mit
seiner einmaligen Silhouette den
Schlosshof.

Der **Ballsaal** erglänzt
in prächtigem
Marmorschmuck.

Der **Bacciarelli-Flügel** ist nach Marcello Bacciarelli
benannt, der hier im 18. Jahrhundert eine Kunstschule
unterhielt. Aus der gleichen Zeit stammt
auch die typische Rokokofassade.

Der große und feierliche **Senatssaal**
wurde nach Plänen der Architekten
der sächsischen Kurfürsten restauriert.

Der **gotische Flügel** (15. Jh.) war die Residenz der Herzöge von Masowien.

Am **Sigismund-Turm** prangt eine große Uhr, die 1622 hier angebracht wurde.

Der **Grodzka-Turm**, eines der ältesten Gebäudeteile des Schlosses, geht auf das 14. Jahrhundert zurück und weist streng gotische Formen auf.

Der **Haupteingang** an der Westfassade führt in den großen Innenhof.

9

im Haupthof in das erste Geschoss in der Südwestecke
verlegen. Auch der Raum für den Senat wurde erneuert
und ein getrennter Thronsaal entstand in den Repräsentationsräumen des Nordostflügels.
Unter August III. setzte eine neue Bautätigkeit ein. Von
1741 bis 1746 wurde der nordöstliche Flügel verlängert,
der an der Weichselseite eine monumentale Rokokofassade mit drei von Gaetano Chiaveri entworfenen Risaliten erhielt.

Die letzte große Ausbauphase veranlasste Stanislaus
August. Die Arbeiten leitete bis 1773 Jacopo Fontana
und danach Domenico Merlini. Das Innere wurde vollkommen verändert, Wohn- und Repräsentationsräume
erhielten eine ihrem Gebrauch angemessene Verschö-
nerung im Stil des Klassizismus. Zwischen 1780 und
1784 wurde ein neuer Flügel angebaut, den Domenico
Merlini entworfen hatte. Er enthielt einen 56 m langen
Raum für die Bibliothek des Königs.

DAS 20. JAHRHUNDERT

Nach den polnischen Teilungen war das Schloss dem Verfall preisgegeben, und die Kunstsammlungen wurden versprengt. Nachdem Polen seine Unabhängigkeit wieder gewonnen hatte, wurde 1918 eine umfassende Restaurierung vorgenommen, bei der die Renaissanceräume und diejenigen aus der Zeit des Stanislaus August ihr ursprüngliches Aussehen erhielten. Außerdem konnten die nach Russland abtransportierten Kunstwerke zurückgeholt werden. 1926 wurde das Schloss Sitz des Präsidenten der Republik, wo alle offiziellen Staatsakte stattfanden.

Am 17. September 1939 warf die deutsche Luftwaffe Brandbomben auf das Schloss. Das Dach über dem Großen Ballsaal stürzte ein, und das Deckengemälde von Bacciarelli verbrannte. Nachdem die deutsche Wehrmacht Warschau eingenommen hatte, wurde alles, was wertvoll war – Möbel, Gemälde, Teppiche usw. – systematisch nach Deutschland transportiert. Den Angestellten des Schlosses und des Nationalmuseums gelang es jedoch, mit Hilfe der Bewohner von Warschau einen ansehnlichen Teil der Kunstwerke und einige Architektur- und Dekorationselemente des Schlosses

le geretteten Gegenstände wie Möbel, Gemälde und Kunsthandwerk, kamen wieder an ihren ursprünglichen Platz in den Sälen des Schlosses, das heute Museum ist.

Der große fünfseitige Innenhof, um den sich der Komplex des Königsschlosses gruppiert, wird von zwei Türmen überragt, dem rückwärtigen Teil des Sigismund-Turmes und dem runden Ladislaus-Turm (unten), der im 16. Jahrhundert errichtet, im folgenden Jahrhundert jedoch umgestaltet wurde.

in das Museum zu bringen und so zu retten. Nach dem Warschauer Aufstand von 1944 wurde das Schloss von den Deutschen in die Luft gesprengt.

Am 20. Januar 1971 entschied man sich für den Wiederaufbau des Schlosses, und zwar in dem Zustand vor 1939. Die Originalentwürfe und Zeichnungen aus dem Archiv sowie Fotos aus der Zeit vor 1939 dienten bei dem detailtreuen Wiederaufbau als Vorbilder. Noch erhaltene Wandfragmente wurden wieder eingebaut, ebenso Elemente der Holz- und Stuckarbeiten der Innendekoration, die man rechtzeitig entfernt hatte. Al-

DAS INNERE DES SCHLOSSES

Nicht alle Säle konnten in den Zustand von 1939 zurückversetzt werden.

Der **Senatssaal** wurde nach den Entwürfen der Architekten der sächsischen Kurfürsten rekonstruiert, deshalb erinnert seine Dekoration an die Zeit, als die Verfassung des 3. Mai 1791 verkündet wurde. Paarweise angeordnete korinthische Pilaster schmücken die Wände, außerdem Wappen des polnischen Königreichs, des Großherzogtums Litauen und aller Woiwodschaften und Territorien Polens. In diesem Raum wurde eines der wichtigsten Dokumente der polnischen Geschichte verabschiedet, die Verfassung des 3. Mai.

Der sog. **Canaletto-Saal** (oder **Vorzimmer der Senatoren**) diente als Vorzimmer für Gäste, die auf eine Audienz beim König warteten und entstand zwischen 1776 und 1777. Die Innenausstattung wurde bewusst schlicht gehalten, um die Veduten von Warschau und Wilanów zur Geltung kommen zu lassen, die der italienische Landschaftsmaler Bernardo Bellotto, genannt Canaletto geschaffen hatte. Die zweiundzwanzig *Gemälde* entstanden in den Jahren 1770 bis 1780 und zeigen die Straßen und Plätze im Zentrum Warschaus, wie sie zur

Zeit Canalettos aussahen: Krakowskie Przedmieście Długa, Miodowa und Senatorska; den Marktplatz der Neustadt, den Krasiński-Platz mit Palästen und Kirchen und dem Leben, das sich dort abspielte – vornehme reiche Bürger, aber auch die Armen der Stadt, Kutschen, Bauernkarren, Straßenverkäufer und ein umherziehendes Orchester. Glücklicherweise wurden alle Bilder, die diesen Raum schmücken, während des Zweiten Weltkriegs in Sicherheit gebracht, sodass sie nach dem Wiederaufbau an ihren ursprünglichen Standort zurückkehren konnten. Dank der hervorragenden Genauigkeit des Malers spielten sie bei der Rekonstruktion und beim Wiederaufbau der Hauptstadt eine bedeutende Rolle.

Im Grodzka-Turm, neben dem Canaletto-Saal, befindet sich eine **Kapelle**, die aus einem kleinen rechteckigen Schiff und einem runden Altarraum besteht. Acht korinthische Säulen aus grünem Stuck und vergoldeten Kapitellen tragen eine mit vergoldeten Rosetten verzierte *Kassettenkuppel*.

Vom Canaletto-Raum kommt man zum **Alten Audienzsaal**, der im Jahr 1777 als Thronsaal diente. Die Deckendekoration und Sopraporten stammen von Marcello Bacciarelli. Die Sopraporten stellen die vier Haupttugenden eines guten Monarchen dar: Die *Tapferkeit* er-

Nebenstehende Seite: Der Canaletto-Saal enthält zweiundzwanzig wunderschöne Veduten des italienischen Landschaftsmalers Bernardo Bellotto, Canaletto genannt; unten, eines der Gemälde mit der Vedute der Krakowskie Przedmieście, von der Sigismund-Säule aus gesehen (1767-1768).

Unten: Der Senatssaal verbindet seinen Namen mit der Verkündigung der Verfassung am 3. Mai 1791, die hier stattgefunden hat.

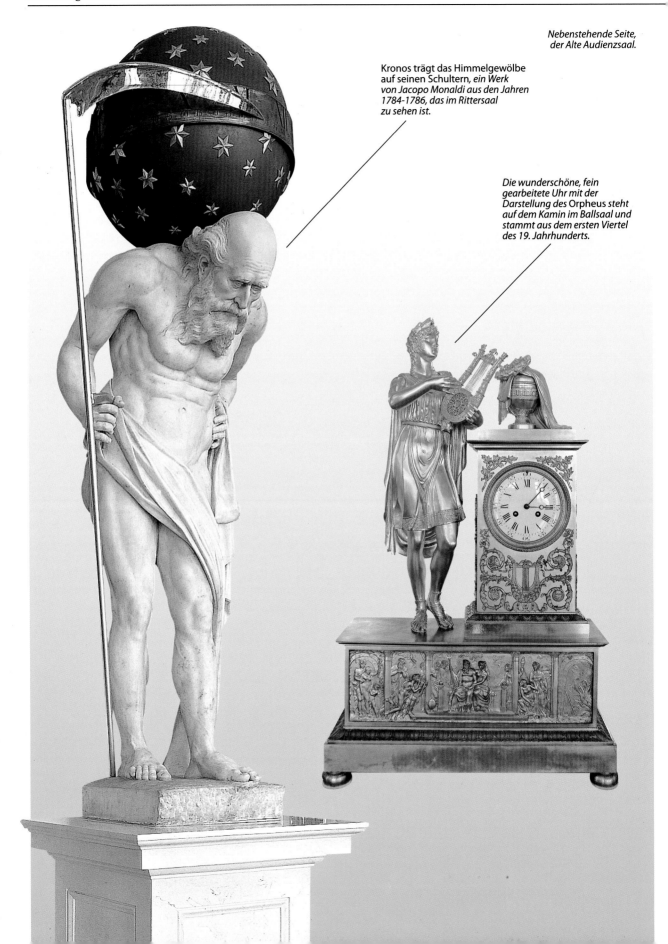

*Nebenstehende Seite,
der Alte Audienzsaal.*

Kronos trägt das Himmelgewölbe
auf seinen Schultern, *ein Werk
von Jacopo Monaldi aus den Jahren
1784-1786, das im Rittersaal
zu sehen ist.*

*Die wunderschöne, fein
gearbeitete Uhr mit der
Darstellung des Orpheus steht
auf dem Kamin im Ballsaal und
stammt aus dem ersten Viertel
des 19. Jahrhunderts.*

Links, die Kapelle von Stanislaus August;
oben, das Kabinett der Europäischen Souveräne.

scheint als der mit dem Löwen kämpfende Samson; die *Klugheit* als die Besonnenheit des Alters im Gegensatz zur Leidenschaft der Jugend; der *Glaube* als eine Frau mit einem Glas in der Hand; und die wichtigste Tugend eines Königs, die *Gerechtigkeit* als eine Frau mit den Waagschalen der Unparteilichkeit und dem Schwert der Macht.

Vom Thronsaal gelangt man in die **Gemächer des Königs** mit *Schlafraum*, *Garderobe* und *Studierzimmer*, an die sich eine Reihe von Repräsentationsräumen anschließt, das sog. **Große Appartement des Königsschlosses**. Dieses besteht aus dem **Thronsaal** (**Neuer Audienzsaal**), der im südlichen Risalit des Sächsischen Flügels liegt. Das Innere hat man nach Fotografien aus

Der prächtige Rittersaal.

der Zeit vor 1939 rekonstruiert. Die Wände sind mit rotem Damast ausgeschlagen, der von vergoldeten und geschnitzten Rahmenleisten gefasst wird, davor hängen große Spiegel in Goldrahmen. Gegenüber vom Fenster steht der von Jan Chrystian Kamsetzer entworfene originale *Thron*, der mit dem Wappen Polens und den königlichen Emblemen geschmückt ist.

Der kleine achteckige Raum neben dem Thronsaal ist das **Kabinett der Europäischen Souveräne** (oder **Konferenzraum**), das Stanislaus August den damaligen europäischen Monarchen widmete. Der Raum enthält zahlreiche Portraits: *Papst Pius VI.* (über der Tür zum Thronsaal), *Zarin Katharina II.* (über dem Kamin), *Kaiser Joseph II.* (über der Spiegelnische), *Gustav III.*, König von Schweden (in der Nähe der Tür neben *Katharina II.*), *Ludwig XVI.*, König von Frankreich (gegenüber von *Friedrich II.*, König von Preußen) und *Georg III.*, König von England (gegenüber von *Gustav III.* neben der Tür).

Der **Rittersaal** oder das **Vorzimmer der Senatoren** diente als Warteraum für Besucher, die eine Audienz wünschten. Nach Absicht des Königs sollte dies ein Raum sein, der die glorreichsten Ereignisse aus der polnischen Geschichte und die berühmtesten Polen verherrlichte: Feldherren, Staatsmänner, Wissenschaftler und Künstler. Sechs große historische Leinwandgemälde von Bacciarelli behandeln folgende Themen, die Stanislaus August selbst ausgewählt hatte: das *Ende der Belagerung von Wien*, der *Friedensvertrag von Chotin*, die *Union von Lublin*, die *Preußische Huldigung*, die *Verleihung von Privilegien an die Akademie von Krakau*, die *Gesetze Kasimirs des Großen*. Über den Türen erscheinen außerdem zehn *ovale Portraits* berühmter Polen, ebenfalls von Bacciarelli. Jedes Portrait ist in einen Stuckrahmen gefasst mit den Symbolen der Tugenden, durch die sich die dargestellte Persönlichkeit in Position, Amtsrolle oder Beruf besonders auszeichnete. Diese Galerie illustrer Polen wird durch zweiundzwanzig *Bronzebüsten* von Feldherren, Staatsmännern, Wis-

Oben, das Marmorkabinett.
Nebenstehende Seite, eine Ansicht
des glanzvollen Ballsaals im Königsschloss.

senschaftlern und Dichtern ergänzt, die von den Bildhauern André Le Brun und Jacopo Monaldi geschaffen wurden.

Neben dem Rittersaal liegt das **Marmorkabinett** mit polychromer Marmorverkleidung. Es wurde unter der Herrschaft von Ladislaus IV. nach Entwürfen von Gaetano Gisleni ausgestattet. In den Jahren 1768 bis 1771 hat man die Decke nach einem Entwurf von Jacopo Fontana vollkommen erneuert. Der Wandbereich unterhalb des Türsturzes und der Türrahmen erfuhren keine wesentlichen Veränderungen, auch das ideologische Konzept der Innenausstattung blieb unverändert. Stanislaus August widmete, ähnlich wie Ladislaus IV., das Kabinett der Erinnerung an seine Vorgänger auf dem polnischen Thron. Diese Innenausstattung blieb bis 1835 erhalten, als die Marmorwände auf Anordnung des Zaren abgeräumt wurden. Bacciarellis Decke ging im Zweiten Weltkrieg verloren. Die heutige Rekonstruktion entstand nach den Aquarellen von Jan Chrystian

Kamsetzer, die den Raum in seinem Zustand von 1784 zeigen.

Der **Ballsaal** oder **Versammlungssaal** ist der größte und eleganteste Raum des ganzen Schlosses. Die Wände werden von korinthischen Doppelsäulen aus Stuck unterteilt. Die Bogenform der Fenster wird an der gegenüberliegenden Wand in den verspiegelten Nischen aufgegriffen. Auf der Mittelachse öffnet sich eine große Eingangsnische mit Halbkuppel, deren Kassettendecke mit Rosetten verziert ist. Der Skulpturenschmuck am Eingang ist das Werk von André Le Brun. Das marmorne Medaillon über der Tür enthält eine Büste von *Stanislaus August*. Der Eingang wird von zwei Marmorstatuen flankiert: *Stanilaus August als Apoll mit Leier und Lorbeerkranz* und *Katharina II. in der Gestalt der Minerva*. Das originale Deckengemälde von Marcello Bacciarelli ging bei dem Bombardement im September 1939 verloren. Die heutige Nachbildung stützt sich auf Skizzen, die Bacciarelli angefertigt hatte.

21

DER SCHLOSSPLATZ

Der Platz vor dem Königsschloss hat die Form eines unregelmäßigen Dreiecks, das im Osten vom Schloss und im Nordwesten von den Häusern der Altstadt begrenzt wird und sich im Süden zur Krakowskie Przedmieście öffnet.

Im 14. Jahrhundert erhoben sich auf dem Platz die mit der Schlossbefestigung verbundenen Verteidigungswälle und das Krakautor, durch das die Hauptstraße hindurchführte. In den folgenden Jahrhunderten baute man hier Wohnhäuser und Nebengebäude für die Hofhaltung mit Ställen, Kutschenremisen usw. (den sog. Fronthof). Zwischen dem Königsschloss und der Zisterzienserkirche St. Anna entstanden ein Kloster und eine Kapelle der Zisterziensermönche. Es handelte sich um einen recht ungeordneten Gebäudekomplex, den man 1644, als die Sigismund-Säule errichtet wurde, zum Teil wieder räumte. Doch erst im 19. Jahrhundert wurde der Platz von dem Architekten Jakub Kubicki neu konzipiert. Das Krakautor, die Gebäude des Fronthofes und verschiedene Häuser wurden abgerissen. Das Gebiet vor der Westfassade des Schlosses mit der Sigismund-Säule wurde zum offenen Platz und damit die Säule und die Fassade frei sichtbar. 1844 demolierte man das Kloster und die Zisterzienserkapelle, und in einem Zeitraum von zwei Jahren wurde ein von dem berühmten Architekten Feliks Pancer entworfenes Viadukt gebaut, das den Hügel hinunter in das Powiśle-Viertel führte. Heute verläuft hier die nach dem Zweiten Weltkrieg gebaute „W-Z"-Schnellstraße (Ost-West-Fahrt) mit einem Tunnel unter dem Schlossplatz. Von der Ostseite des Platzes hat man einen schönen Blick auf die Weichsel.

Eine pittoreske Häusergruppe an der Ecke zwischen dem Schlossplatz und der Piwna-Straße. Das Gebäude mit der Pelikanfigur, nach der es auch benannt ist, wurde nach dem zweiten Weltkrieg vollkommen neu errichtet. Das Mitte des 17. Jahrhunderts bis 1705 entstandene Haus bewahrt noch das typische Holzvordach der Warschauer Häuser aus der damaligen Zeit.

Die Sigismund-Säule

In der Mitte des Schlossplatzes steht die Sigismund-Säule (Kolumna Zygmunta), das wohl berühmteste Denkmal der Stadt. Sie ist so eng mit Warschau verbunden, dass sie zur Visitenkarte, eine Art zweites Stadtwappen wurde. Die 1644 errichtete Säule ist nicht nur das älteste Monument von Warschau, sondern von ganz Polen. Der Auftraggeber war König Ladislaus IV., der auf diese Weise seinen Vater ehren wollte. Die lateinischen Inschriften auf Bronzeplaketten an den vier Sockelseiten sind eine Lobeshymne auf den Verstorbenen, sie preisen den Ruhm, die Größe und Verdienste von Sigismund III., erhöhen aber auch das Ansehen von Ladislaus IV., Sohn und Nachfolger auf dem polnischen Thron. Abgesehen von der Zuneigung zum Vater wollte Ladislaus wohl vor allem die Bedeutung des Wasa-Geschlechtes hervorheben, indem er hier in Schlossnähe und beim Krakautor diese mächtige Säule errichten ließ. Das Warschauer Monument ist 22 m hoch und besteht aus drei Teilen, einem doppelten Sockel, einer schlanken korinthischen Säule, auf der wiederum ein ziemlich hoher Sockel steht und der vergoldeten Bronzestatue von Sigismund III. Das gesamte Monument entwarf Constantino Tencalla, der italienische Bildhauer Clemente Molli schuf das Modell für die Figur des Königs, während Daniel Tym den aus einem Stück bestehenden Bronzeguss ausführte.

DIE ALTSTADT

Die Altstadt liegt nordwestlich vom Schloss innerhalb der Stadtmauer
und bildet den Kern des heutigen Warschau.
Die ersten Bauten entstanden Ende des 13. bis Anfang des 14. Jahrhunderts,
als die Herzöge von Masowien ihr Schloss in Jazdów verließen
und ihren Sitz an den Ort des späteren Königsschlosses verlegten.
Zwischen dem ausgehenden 14. und beginnenden 15. Jahrhundert wurde
nördlich der Altstadt die Neustadt gegründet.

Die Anlage des Straßennetzes der Altstadt erfolgte im Schachbrettmuster, wie es für die damalige Zeit üblich war. Schon im Mittelalter bestanden die Häuser aus Mauerwerk, mit Bogenfenstern, Portalen, Nischen und vielfarbig ausgemalten Innenräumen. In der Folgezeit kam es zu starken Veränderungen, vor allem im 17. Jahrhundert. Während der kriegerischen Auseinandersetzungen mit Schweden wurden weite Teile von Warschau zerstört und die Gebäude erlitten großen Schaden. Beim Wiederaufbau bemühte man sich, die Häuser zu modernisieren und ihre Dekoration dem jüngsten Stil anzupassen. Viele Häuser der Altstadt erhielten Barockfassaden, aber das eigentliche Leben der Stadt fand bereits jenseits der alten Stadtmauern statt. Diese Verlagerung dauerte auch im 18. und 19. Jahrhundert an, sodass die Altstadt zu einem armen, überbevölkerten und an den Rand gedrängten Viertel wurde. Zwar gab es dort viele kleine Geschäfte und Werkstätten, doch die Häuser begannen allmählich zu verfallen. Um die bedeutsamsten Häuser zu retten, gründete man 1906 eine Gesellschaft für den Schutz historischer Monumente. Es war ein Verdienst dieser Vereinigung, dass

*Die vom Schlossplatz geradlinig ausgehende **Piwna** ist die längste und auch eine der eindrucksvollsten Straßen der Altstadt. Früher hieß sie St.-Martin-Straße, nach der Kirche aus dem 14. Jahrhundert, deren mächtiger Glockenturm im unteren Teil gotische und im oberen Abschnitt barocke Elemente aufweist ist. Die Häuser in dieser Straße waren vormals prestigereiche Residenzen aristokratischer Familien. Heute finden die Touristen hier schöne Geschäfte und renommierte Restaurants.*

zwischen den beiden Weltkriegen die Fassaden der Häuser am Marktplatz erneuert werden konnten. Während des Warschauer Aufstandes kam es in der Altstadt einen Monat lang zu grausamen, blutigen Kämpfen. Das Viertel wurde fast vollständig zerstört, und die wenigen noch stehenden Häuser wurden von den Deutschen in die Luft gesprengt, nachdem die Aufständischen die Altstadt verlassen hatten. Bald nach dem Krieg begann man mit dem Wiederaufbau. Trotz des enormen Ausmaßes der Zerstörung blieben viele architektonische Elemente erhalten. Fragmente von Portalen und Fenstern, die man zwischen den Trümmern fand, kamen später wieder zur Verwendung. Die erneuerte Altstadt bildet heute eines der schönsten Viertel von Polens Hauptstadt. 1981 wurde der historische Stadtkern Warschaus von der Internationalen UNESCO-Kommission als schützenswertes und bedeutendes Weltkulturerbe anerkannt.

*Parallel zur Piwna verläuft die **Świetojanska**, die vom Schloss zum Marktplatz führt. Sie zeichnet sich vor allem durch ihre alten kleinen Häuser aus, die nach den Kriegsschäden sorgsam wiederaufgebaut wurden und mit reizenden Portaldekorationen, Schildern, Sonnenuhren, architektonischen Details und erlesenem Zierrat geschmückt sind.*

*Die berühmte **Glocke** ziert den malerischen kleinen Kanonia-Platz.*

*Der große **Altstädter Marktplatz** mit seiner charakteristischen quadratischen Form stellt das wahre Herz der Stadt Warschau dar.*

*Das **Nixendenkmal**, historisches Wahrzeichen der Stadt.*

In diesem historischen Teil von Warschau führen Steintreppchen in die Altstadt.

*An die gewaltige **Barbakane** schloss sich der doppelte Festungsring an, in dem früher die Stadtmauer verlief.*

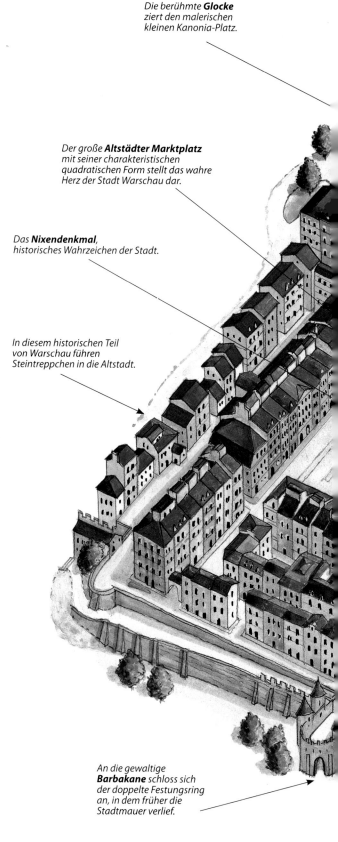

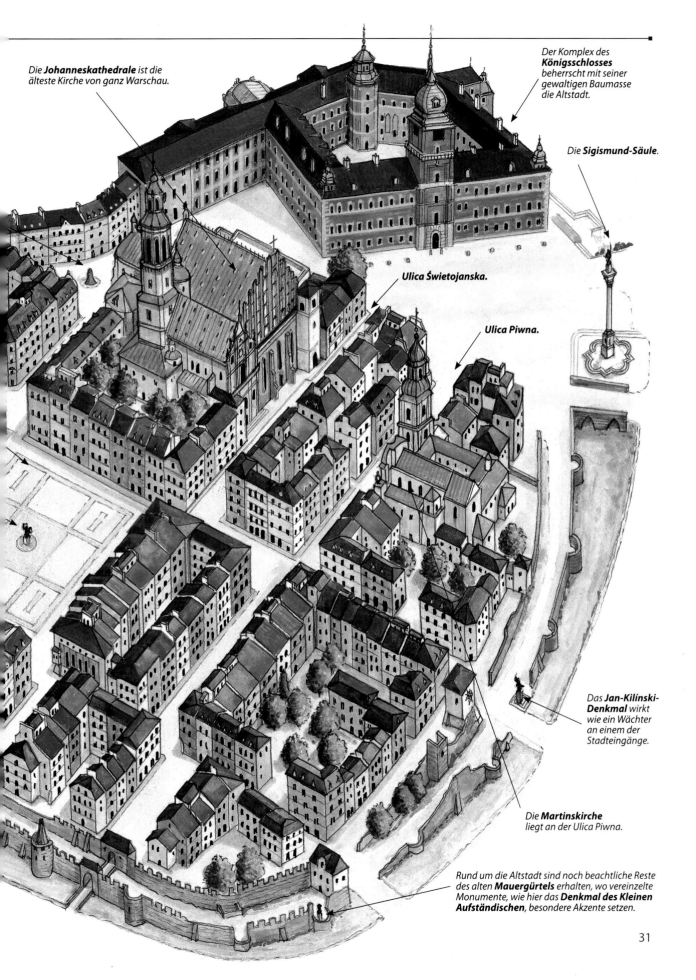

Die **Johanneskathedrale** ist die älteste Kirche von ganz Warschau.

Der Komplex des **Königsschlosses** beherrscht mit seiner gewaltigen Baumasse die Altstadt.

Die **Sigismund-Säule**.

Ulica Świetojanska.

Ulica Piwna.

Das **Jan-Kilínski-Denkmal** wirkt wie ein Wächter an einem der Stadteingänge.

Die **Martinskirche** liegt an der Ulica Piwna.

Rund um die Altstadt sind noch beachtliche Reste des alten **Mauergürtels** erhalten, wo vereinzelte Monumente, wie hier das **Denkmal des Kleinen Aufständischen**, besondere Akzente setzen.

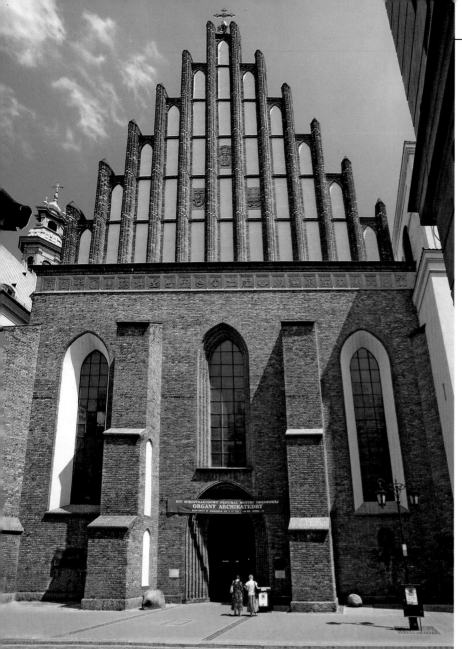

JOHANNISKATHEDRALE

Dies ist die älteste Kirche von Warschau. Das ursprüngliche Holzgebäude wurde zu Beginn des 15. Jahrhunderts durch eine gemauerte Kirche ersetzt, die Herzog Janusz der Ältere stiftete. Im 17. Jahrhundert erhielt sie eine neue **Fassade** und im 19. Jahrhundert wurde sie von Adam Idźkowski im Stil der englischen Neugotik vollkommen neu aufgebaut. Während des Warschauer Aufstands diente die Kirche als Hauptverteidigungsposten der Altstadt und wurde praktisch dem Erdboden gleich gemacht. Nach dem Krieg baute man sie im Stil der sog. Weichsel-Gotik wieder auf.

Das **Innere** ist eine dreischiffige Hallenkirche (alle Schiffe haben die gleiche Höhe) mit einer Apsis in Form eines länglichen Dreiecks. Besondere Aufmerksamkeit verdient

Bilder vom Außenbau der Johanniskathedrale mit einigen Kunstwerken, die hier bewahrt werden: unten links, das Marmorgrab der beiden letzten Herzöge von Masowien; unten Mitte, die von Thorvaldsen entworfene monumentale Statue des Stanisław Malachowski.

das spätgotische *Baryczkowski-Kruzifix* aus dem frühen 16. Jahrhundert. Gemäß der Überlieferung soll es der Warschauer Ratsherr Jerzy Baryczka aus Nürnberg hierher gebracht haben. Die Figur des Gekreuzigten ist von bemerkenswerter Expressivität, das Antlitz übermittelt grenzenlosen Schmerz. Ein anderes beachtliches Werk in der Kirche ist der *Grabstein der letzten masowischen Herzöge Stanisław* († 1524) *und Janusz* († 1525), den der italienische Bildhauer Bernardino Zanobi de Gianotis zwischen 1527 und 1528 aus rotem Chęciny-Marmor gestaltete. Man beachte auch die *Statue des Stanisław Malachowski*, Marschall des Vier-Jahre-Seyms, die nach einem Entwurf des dänischen Bildhauers Bertel Thorvaldsen ausgeführt wurde.

Das aufstrebende Kirchenschiff der Johanniskathedrale und unten, Details der bunten Kirchenfenster.

Am Ende der Piwna, unweit des Marktplatzes, liegt das **Salvator-Haus** mit grüner Barockfassade; es wurde 1632 für Jacub Dzianotti gebaut, dessen Initialen noch am Portal zu lesen sind. Ursprünglich prangte hier ein berühmtes Relief, das Jesus und die hl. Veronika darstellte (daher der Name des Hauses). Der religiöse Charakter des Werkes führte jedoch dazu, dass es im Zuge einer Restaurierung des eleganten Wohnhauses von den kommunistischen Behörden entfernt wurde.

Hinter der Kathedrale liegt ein kleiner Platz in der Form eines unregelmäßigen Dreiecks, dessen Name **Kanonia** noch an seine ursprüngliche Bestimmung erinnert; denn er lag zwischen den Häusern mit den charakteristischen Renaissancegiebeln, die im 16. Jahrhundert auf einem ehemaligen Friedhofsgelände für die Kanoniker der Johanniskirche gebaut wurden. Die Platzmitte ziert heute eine historische Glocke, die Daniel Tym im Jahre 1646 für eine Kirche jener Zeit gegossen hatte.

Blick in eine typische Gasse der Altstadt, die **Dawna**, mit den im Originalstil getreu wieder aufgebauten kleinen Häusern, die von der UNESCO in die schützenswerten Kulturgüter eingereiht wurden.

Das Nixendenkmal

Das Denkmal mit der Statue einer Sirene kehrte nach langer Zeit wieder auf den Marktplatz zurück, nachdem man die kleine Nixe 1972 anstelle des früheren Marschallturmes auf der Stadtmauer aufgestellt hatte. Es handelt sich um den Zinkguss einer Skulptur von Konstanty Hegel (1855). Die Seejungfer trägt in einer Hand einen Schild, in der anderen erhebt sie ein Schwert, so erscheint sie auch auf dem Wappen der Stadt, zu deren Wahrzeichen sie geworden ist. Im Laufe der Jahrhunderte wurde das Wappenbild mehrfach verändert. Die heutige Form des Warschauer Wappens wurde 1939 offiziell anerkannt.

ALTSTÄDTER MARKTPLATZ

*Im alten Warschau bildete der Marktplatz das Herz des wirtschaftlichen,
sozialen und politischen Lebens. Die ersten Gebäude aus Ziegeln
und Stein entstanden im 14. und 15. Jahrhundert.
Damals wurde auch ein Rathaus gebaut (das man 1817 wieder abriss).
Die Häuser um den Marktplatz gehörten angesehenen Bürgerfamilien,
die im Stadtrat und manchmal auch bei Hof die höchsten Ämter innehatten.*

Im 17. Jahrhundert wurden die meisten dieser Bürgerhäuser im Spätrenaissance- und Barockstil neu gebaut. Die sog. „Laternen", Oberlichter für die Beleuchtung der Treppenhäuser, stammen aus der damaligen Zeit. Im 18. Jahrhundert wurden die meisten Häuser aufgestockt und einige erhielten neue Fassaden.

Doch während des allmählichen Niedergangs der Altstadt im 19. Jahrhundert verloren sie ihren ursprünglichen Glanz. Erst im 20. Jahrhundert wurden sie teilweise restauriert, zwischen den beiden Kriegen erneuerte man ihre Bemalung, und nach dem Zweiten Weltkrieg erhielten sie ihr ursprüngliches Aussehen im Renaissance- oder Barockstil zurück.

Heute zeigt sich der Altstädter Marktplatz mit seinen alten Häusern wieder in seiner einstigen Schönheit. Die bunten Sonnenschirme der Platzcafés, die Blumenstände und Souvenirverkäufer schaffen hier eine ganz besondere Atmosphäre, zu der auch die von den Studenten der Akademie der Schönen Künste ausgestellten Gemälde beitragen, die eine regelrechte Kunstgalerie unter freiem Himmel bilden.

Im Jahr 1915 erhielten die vier Seiten des Marktplatzes den Namen von Persönlichkeiten, die sich um Warschau verdient gemacht hatten: die amtierenden Bürgermeister aus der Zeit des „Vierjährigen Seym" (1788-92) und des Kościuszko-Aufstandes (1794) – Dekert, Brass und Zakrzewski, sowie Hugo Kołłątaj, eine der bedeutendsten Figuren der polnischen Aufklärung.

*Blickfang auf der Mitte des historischen Marktplatzes ist
das berühmte Nixendenkmal, seit jeher das Warschauer Wahrzeichen.*

DIE VIER SEITEN DES MARKTPLATZES

1) DIE ZAKRZEWSKI-SEITE

- Haus Bazyliszek
- Goldenes Haus
- Haus Majeran
- Haus Zum Löwen

2) DIE BARSS-SEITE

- Haus Orlemus
- Haus Balcer
- Haus Troper
- Haus Burbach

3) DIE DEKERT-SEITE

- Haus Zum Mohren
- Haus Kleinpoldt
- Haus Falkiewicz

4) DIE KOŁŁĄTAJ-SEITE

- Haus Simonetti
- Fukier-Haus
- Haus Wilczkowska
- Haus zur heiligen Anna

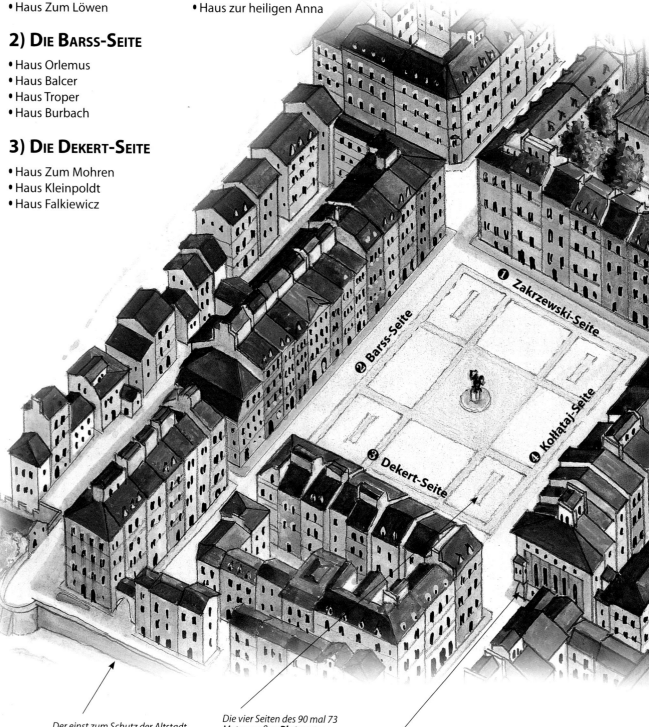

*Der einst zum Schutz der Altstadt errichtete alte **Mauergürtel** ist noch hinter dem Marktplatz zu erkennen.*

*Die vier Seiten des 90 mal 73 Meter großen **Platzes** tragen die Namen von berühmten Politikern des 18. Jahrhunderts.*

*In einer Nische des Eckhauses ‚**Zur hl. Anna**' steht eine sehr bekannte Statue mit einer Darstellung der Heiligen Anna Selbdritt.*

DIE KOŁŁĄTAJ-SEITE

Berühmt wegen der in einen eleganten Nischenrahmen eingefügten Uhr ist das **Haus Simonetti** (unten rechts), das am äußersten linken Ende der Kołłątaj-Seite steht. Eine kürzlich dort angebrachte Inschrift erinnert an den radikalen Wiederaufbau dieses Stadtgebietes unmittelbar nach dem Zweiten Weltkrieg.

Das **Haus Wilczkowska** (ein Detail oben links), ein mittelalterliches Bürgerhaus, zeichnet sich durch das ungewöhnliche Doppelportal in gotisierendem Stil aus dem Jahr 1608 aus. Hier wohnte und starb Hugo Kołłątaj.

Auf der Kołłątaj-Seite befindet sich bei Haus Nr. 27 das **Fukier-Haus** (links und unten) mit einem bedeckten Umgang im Innenhof. Es wurde Mitte des 16. Jahrhunderts anstelle eines älteren Hauses errichtet und in den beiden folgenden Jahrhunderten erneuert. Seit 1810 gehörte es Marcin Fukier, der hier seinen berühmten Weinkeller einrichtete. Zwischen 1910 und 1920 wurde unter der Leitung des Architekten Marconi eine Restaurierung durchgeführt. Im Zuge des Wiederaufbaus nach dem Krieg bekam die Fassade eine klassizistische Dekoration.

DIE DEKERT-SEITE

Die Nordseite des Marktplatzes wird von einer
Häuserzeile eingenommen, die mit Friesen, Reliefs,
Schildern, Sgraffiti und kunstvoll gearbeiteten
Portalen geschmückt sind.

Das Haus **„Pod Murzynkiem" (Zum Mohren)** liegt
auf der Dekert-Seite und ist nach dem Kopf eines Mohren benannt,
der in die wunderschöne Spätrenaissancefassade eingefügt ist.
Es wurde in der zweiten Hälfte des 17. Jahrhunderts für den
Bürgermeister Jakub Dzianotti erbaut. Aus dieser Zeit stammen auch
das Portal, die Fensterrahmen und die Sgraffito-Dekoration der Fassade.
Der Mohrenkopf erinnert noch an den Beruf des Hausbesitzers,
der im Überseehandel tätig war.

Das Innere einiger Häuser auf der Dekert-Seite wurde umgebaut,
um das **Historische Museum von Warschau** aufzunehmen,
das einen Überblick vermittelt über das soziale, politische
und kulturelle Leben von der Frühzeit bis in unsere Tage.
Außer Dokumenten, Siegeln, Landkarten und architektonischen
Zeichnungen gibt es dort Kunsthandwerk, Gemälde und Skulpturen
aus verschiedenen Zeiten zu sehen. Die Werke stammen
von Warschauer Künstlern oder sind thematisch
mit der Hauptstadt verbunden.

Das **Haus Falkiewicz** am Ende der Dekert-Seite zeichnet sich
insbesondere durch die Statuen auf dem Dachfirst aus;
sie stellen die Jungfrau Maria zwischen der hl. Elisabeth
und dem hl. Stanislaus dar.

DIE BARSS-SEITE

Auf der Ostseite des Marktplatzes steht ein bemerkenswertes Bürgerhaus mit vielen Oberlichtern, das *Haus Orlemus*. Hier ist das interessante *Literaturmuseum* untergebracht, das unter anderem dem großen romantischen Dichter Adam Mickiewicz gewidmet ist.

DIE ZAKRZEWSKI-SEITE

An der Südseite des Marktplatzes drängen sich
schmale Häuser aneinander; das letzte am äußersten
rechten Ende ist als *Haus Zum Löwen* bekannt.
Malereien des 20. Jahrhunderts lockern die Fassade
auf, und an der Gebäudeecke fällt ein goldenes
Basrelief mit der Figur eines Löwen auf.

Das **Haus Bazyliszek** (nebenstehende Seite, oben und
Mitte) auf der Südseite des Platzes verdankt seinen Namen
dem Schild mit dem Basilisken, dem Emblem der Bankiers.
Elegant wirkt auch der skulptierte Dreieckgiebel über dem
Mittelfenster im ersten Stock.

*Eine Gesamtansicht der Bürgerhäuser am Marktplatz
auf der so genannten Zakrzewski-Seite.*

Im **Goldenen Haus** (ein Detail unten) neben dem Haus Bazyliszek residierte im 17. Jahrhundert der Bürgermeister der Stadt, Stanisław Baryczka.

Jan-Kiliński-Denkmal

Kiliński war ein Schuhmacher aus Warschau, der sich 1794 an die Spitze der Aufständischen aus der Altstadt stellte und die Residenz des Zarenbotschafters Ingelström in der Powdale-Straße einnahm. Von Tadeusz Kościuszko zum Oberst ernannt, focht er bei der Verteidigung Warschaus mit und wurde zweimal verwundet. Nach der Unterdrückung des Aufstandes wurde er gefangen gesetzt und nach Russland verschleppt, wo er und dann mehrere Jahre lang in einem Turm in St. Petersburg eingesperrt war. 1936 schuf Stanisław Jackowski zur Erinnerung an den heroischen Schuhmacher ein Denkmal. Ursprünglich stand es auf dem Krasiński-Platz, vor dem gleichnamigen Palast. Während des Krieges (1942) brachten die Deutschen

die Statue jedoch heimlich ins Nationalmuseum aus Rache dafür, dass am Kopernikusdenkmal eine deutsche Gedenktafel entfernt und durch eine polnische ersetzt worden war. Unmittelbar nach Kriegsende 1945 kam die Statue wieder an ihren ersten Standort und wurde 1959 in die Podwale-Straße überstellt.

Denkmal des Kleinen Aufständischen

In der Nähe der Stadtmauer, auf den Mauerresten des ehemaligen Pulverturms, fällt der Blick auf die Statue eines bewaffneten Kindes mit traurigen Augen, die verloren unter einem riesigen Helm hervorblicken. Ein zartes und zugleich ergreifendes Denkmal, das der Bildhauer Jerzy Jarnuszkiewicz den vielen Kindern widmen wollte, die tapfer und verzweifelt 1944 aktiv am Warschauer Aufstand teilgenommen und so ihr junges Leben geopfert haben.

DIE STADTMAUER

Die ursprünglichen Befestigungsanlagen der Altstadt bestanden aus Basteien im Norden, Westen und Süden. Im 14. und 15. Jahrhundert wurden diese allmählich durch Ziegelmauern mit Wachtürmen und Stadttoren ersetzt, um die Stadt besser zu schützen. Im Verlauf des 16. Jahrhunderts entstand zur Verstärkung der Nordseite ein Außenwerk mit rechteckigen Türmen, auf denen spitze Ziegelhelme saßen, und 1548 errichtete man die **Barbakane** nach einem Entwurf von Giovanni Battista, einem venezianischen Architekten, der in Masowien tätig war. Das gewaltige, halbrunde Gebäude mit Schießscharten und einer Brüstung im Stil der polnischen Renaissance, die aus Zinnentürmchen und pyramidenartigen Elementen zusammengesetzt war, beschützte den Zugang zur Stadt im Norden. Die Barbakane hatte ein Eingangstor mit Zugbrücke, flankiert von halbrunden Türmen, die auf rechteckigen Stützpfeilern ruhten. Während der zahlreichen Kriege des 17.

Jahrhundert und zu Beginn des 18. Jahrhunderts wurde die Stadtmauer immer wieder beschädigt. Im späten 18. und 19. Jahrhundert wurde sie teilweise abgetragen und zum Teil, wie z. B. auch die Barbakane, von der Bebauung absorbiert. Im 19. Jahrhundert riss man mehrere Stadttore ab, so auch das Krakautor beim Schloss, durch das die von Süden kommende Hauptstraße führte, und den Wachtturm an der Weichsel, den sog. Marschallturm (polnisch *Wieża Marszałkowska*). 1937 bis 1938 kam es zum Wiederaufbau und auch zur Freilegung von Teilen der Stadtmauer, des Stadtgrabens in der Nähe der Barbakane und der Barbakane-Brücke. Als 1944 einige Häuser des 18. und 19. Jahrhunderts in der Podwale-Straße niederbrannten, kamen längere Abschnitte der Stadtmauern ans Licht, die bis dahin die dichte Bebauung verdeckt hatte. Von 1953 bis 1963 wurden beide Schutzwälle mit Türmen und Barbakane zum Teil wieder aufgebaut. Das gesamte Gebiet ist im Sommer Schauplatz von Ausstellungen Warschauer Künstler.

Die ersten Befestigungen der Altstadt mit mächtigen Türmen und Brüstungen.

DIE NEUSTADT

Dieses große Stadtviertel mit dem polnischen Namen Nowe Miasto, *das ebenfalls nach der Zerstörung im zweiten Weltkrieg wiederaufgebaut wurde, hieß ursprünglich „Neu-Warschau" und entwickelte sich im Verlauf des 14. Jahrhunderts auf dem Areal, das sich zwischen der Altstadt und der Weichsel erstreckte.*

Lange Zeit genoss es eine weitgehende verwaltungsmäßige Selbständigkeit und schmückte sich im Laufe der Jahrhunderte mit Kirchen, Klöstern und prächtigen Gebäuden. Den Höhepunkt ihrer Glanzzeit erreichte die Neustadt im 18. Jahrhundert. Danach büßte sie zunächst ihre Unabhängigkeit ein (1791 erfolgte die offizielle Eingemeindung in die Stadt Warschau), und eineinhalb Jahrhunderte später wurde sie durch den Krieg zerstört. Dank des sorgsamen Wiederaufbaus erhielt *Nowe Miasto* das ursprüngliche Aussehen zurück und ist heute eines der interessantesten Viertel der Stadt.

KIRCHE ST. JACEK

Unter den zahlreichen Kirchen, die in *Nowe Miasto* entstanden sind, ist die Jakobuskirche besonders sehenswert, die in der ersten Hälfte des 17. Jahrhunderts von Dominikanermönchen im Stil der Gotik erbaut wurde. In dieser Kirche, die mit einer schönen Decke und Stuckdekorationen ausgestattet ist, werden die schwarzen *Marmorgräber* von Adam Kotowski und seiner Gemahlin Małgorzata bewahrt. Kotowski, ein Mann von bescheidener Herkunft, machte in Warschau sein

Auch die Neustadt mit ihren hellen Straßen, den Häusern im traditionellen Baustil, den Straßencafés, der gepflegten und ein wenig nüchternen Atmosphäre besitzt einen ganz besonderen Reiz und ist eines der malerischsten Fleckchen im Herzen Warschaus.

Teilansichten des Inneren der Kirche St. Jacek, wo unter anderem die Marmorgräber der Eheleute Kotowski (unten rechts) bewahrt werden.

Glück, indem er ein riesiges Vermögen zusammentrug und sich sogar einen Adelstitel sicherte. So wurde dem Ehepaar in der Kirche eine elegante *Kapelle* gewidmet, die der berühmte holländische Architekt Tylman van Gameren von 1690 bis 1694 verwirklichte.

HEILIGGEIST-KIRCHE

Seit 1711 ist die Heiliggeist-Kirche traditionelle Abfahrtsstelle der Pilgerfahrt, die jedes Jahr Tausende von Gläubigen zur Wallfahrtskirche der Schwarzen Madonna von Częstochowa (Tschenstochau) bringt. Die Kirche ist auf dem höchsten Punkt der steilen Mostowa-Straße gelegen. Es handelt sich um eine sehr alte Gründung, deren erster Bau aus dem 14. Jahrhundert aus Holz bestand. Nachdem die Schweden sie 1655 zerstört hatten, wurde sie ein halbes Jahrhundert später von den Paulinermönchen aus Częstochowa auf einem Kirchengelände wiederaufgebaut, das seinerzeit König Johann Kasimir gestiftet hatte. Das neu entstandene Gotteshaus war ein mächtiger, nüchterner Bau mit angegliedertem Kloster, umgeben von massiven Wehranlagen, die in die Stadtbefestigung einbezogen waren.

Links, das Innere der Heiliggeist-Kirche; unten, die Sakramentkirche.

SAKRAMENTKIRCHE

Die dem hl. Kasimir geweihte Kirche der Nonnen des Allerheiligsten Sakramentes liegt an der Ostseite des Marktplatzes der Neustadt. Die Sakramentsschwestern sind Benediktinernonnen der Unaufhörlichen Anbetung des Allerheiligsten Sakramentes und kamen 1687 durch Königin Maria Kasimira Sobieska aus Frankreich hierher. Sie stiftete in Warschau eine Kirche und ein Kloster für die Nonnen. Es heißt, dass die Königin einen Tag vor dem Sieg König Johanns III. über die Ottomanen, die Wien belagerten, ein Gelübde ablegte, mit dem sie diese Stiftung versprach. Die Planung der Kirche übernahm Tylman van Gameren, ein namhafter Architekt holländischer Abstammung. Der Grundriss hat die Form eines griechischen Kreuzes, der Zentralkörper ist achteckig und wird von einer Kuppel überwölbt. Mitte des 18. Jahrhunderts überführte man das *Grab der Maria Karolina, geb. Sobieska, Herzogin von Bouillon* und Enkelin König Johanns III., in die Kirche. Das Grabmal mit dem großen Baldachin, dem Sarkophag und einer allegorischen Frauenfigur ist ein Werk des italienischen Bildhauers Lorenzo Matella. Die Sakramentkirche wie auch das anschließende Kloster wurden während des Warschauer Aufstands von 1944 zerstört. Schon in den ersten Tagen der Kämpfe boten die Nonnen den Bewohnern aus der Nachbarschaft in der Kirche und in den Klosterkellern Zuflucht. Als Vergeltungsmaßnahme zerbombten die Deutschen Kirche und Kloster und machten sie praktisch dem Erdboden gleich. Nach dem Krieg wurde die Kirche wieder aufgebaut (1949-1953) und 1960-1961 konnte auch das Grab der Karolina von Bouillon rekonstruiert werden.

KIRCHE MARIÄ HEIMSUCHUNG

Die Kirche Mariä Heimsuchung wurde 1409 von Herzog Janusz d. Ä. und seiner Frau Anne als Pfarrkirche für die nördlich von der Altstadt gelegene Neustadt gegründet. Dieses einschiffige Kirchlein mit polygonaler Apsis verwandelte man in der zweiten Hälfte des 15. Jahrhunderts in eine Basilika mit Strebepfeilern am Außenbau und einem Stufengiebel als Bekrönung. 1518 verlängerte man das südliche Schiff um einen *Glockenturm* mit einem Bogengang im Erdgeschoss, der ebenfalls mit einem Stufengiebel geschmückt war. Im 17. und 18. Jahrhundert fügte man auf beiden Seiten des Chors zwei barocke Kapellen an. Bei späteren Restaurierungen ging der elegante Stil der Kirche weitgehend verloren. Unter der Leitung von Józef Pius Dziekoński und Stefan Szyller konnte von 1906 bis 1915 der gotische Charakter der Kirche wieder sichtbar gemacht werden. Während des Warschauer Aufstands brannte sie nieder, der anschließende Neubau (1947-1952) erfolgte in gotischem Stil.

Blick vom Weichselufer zur Kirche Mariä Heimsuchung.

KRAKOWSKIE PRZEDMIEŚCIE

Die Krokowskie Przedmieście (wörtlich: Vorort von Krakau) beginnt südlich des Schlossplatzes und erstreckt sich vom ehemaligen Krakautor nach Ujazdów und weiter nach Czersk. Es ist die Hauptstraße, die vom alten Warschau nach Süden führt.

Bis ins 15. Jahrhundert nannte sie sich *Czerskie Przedmieście,* und nach dem Bau der Kirche und des Zisterzienser- oder Bernhardinerklosters dann *Bernardyńskie Przedmieście.* Der heutige Name setzte sich in der Mitte des 16. Jahrhunderts durch. Im 17. und 18. Jahrhundert entstanden hier großartige Adelspaläste, Bürgerhäuser und Kirchen. Die Straße galt als die eleganteste der Hauptstadt. In dem Abschnitt zwischen dem Schlossplatz und der Miodowa (oder „Honig")-Straße, gegenüber der Annenkirche, stehen einige der interessantesten Bürgerhäuser des 18. Jahrhunderts.

JAN-HAUS

Das sog. Jan-Haus (nach dem Namen eines der Besitzer, Aleksander Jan) oder John-Haus liegt in unmittelbarer Platznähe und wurde Mitte des 18. Jahrhunderts gebaut. Ein hohes Mansardendach erhebt sich über den mit flachen Lisenen geschmückten **Fassaden**. Unterhalb des Dachansatzes und in den Feldern zwischen den Fenstern befinden sich zarte Rokokodekorationen. Das im letzten Krieg zerstörte Haus wurde nach Canalettos Gemälde mit der *Vedute der Krakowskie Przedmieście von der Sigismund-Säule aus* wieder aufgebaut.

PRAŻMOWSKI-HAUS

Das Prażmowski-Haus ist vermutlich eines der bezeichnendsten Beispiele für ein Bürgerhaus im Rokokostil. Es entstand zwischen 1660 und 1667 für den königlichen Arzt Pastorius und kam dann in den Besitz von Mikołaj Prażmowski. 1754 ließ es die Familie Leszczyński in spätem Barockstil vollständig erneuern. Die **Fassade** zur Krakowskie Przedmieście weist auf der Mittelachse einen durchgehenden konkaven Gebäudestreifen auf, in den auf jedem der drei Stockwerke ein Balkon mit schmiedeeiserner Balustrade eingefügt ist; eine Rokokokartusche bekrönt das Ganze. Die Fassade zur Senatorska-Straße erhielt am Ende des 18. Jahrhunderts

eine klassizistische Dekoration. Im 19. Jahrhundert wurden die Nachbargebäude hinzugenommen. Heute hat hier der polnische Schriftstellerverband seinen Sitz.

Oben, die zum Schlossplatz weisende elegante Fassade des sog. Jan-Hauses; unten, die Häuser der Krakowskie Przedmieście.

*Die monumentale Fassade der Annenkirche;
rechts, ein Blick in das prunkvolle Kircheninnere.*

ST. ANNENKIRCHE

Die malerisch auf dem Abhang zur Weichsel gelegene Annenkirche ist vom historischen und architektonischen Gesichtspunkt aus hochinteressant. Sie entwickelte sich im Verlauf von mehr als drei Jahrhunderten und zeigt daher verschiedene stilistische Merkmale. Der Baukörper der Kirche verrät die einzelnen geschichtlichen Perioden, die untere Apsis enthält noch Reste der ersten Kirche, der obere Altarraum und das noch höhere Kirchenschiff stammen aus späteren Zeiten. Das heutige Gebäude und das Innere sind barock, aber im Chorbereich kann man Fragmente der gotischen Mauern finden.

Der erste Kirchenbau erfolgte 1454 auf Veranlassung der masowischen Herzogin Anne und ihres Sohnes Bolesław IV. für die Zisterziensermönche, die erst ein Jahr zuvor in Krakau angekommen waren. Der Grundriss dieser Backsteinkirche hatte die Form eines nach Osten weisenden länglichen Rechtecks und besaß drei geschlossene Seiten. Die gotischen Wände der heutigen Apsis sind Reste dieser ersten Kirche. Als Patron der Kirche wählte man den Ordensgründer, den hl. Bernhard von Clairvaux (die Widmung an die hl. Anna erfolgte erst im 16. Jahrhundert). 1515 fiel die Kirche einem Brand zum Opfer, die anschließenden Wiederaufbau- und Erweiterungsarbeiten dauerten bis 1533. Zwischen 1578 und 1584 ließ Königin Anna Jagellona in der Nähe der Kirche einen Glockenturm bauen. 1620 entstand eine rechteckige Kapelle mit Kuppel an der Nordseite des Chores, die der Familie Kryski aus Drobin als Mausoleum diente. Während der schwedischen Belagerung von Warschau (1657) brannte die Kirche wieder ab. Der im folgenden Jahr begonnene Neubau dauerte bis 1667. Die alte gotische Kirche wurde barockisiert, unter Beibehaltung der tragenden Mauern.

Die letzte Veränderung am Außenbau erfolgte in den Jahren 1786-1788, als eine neue klassizistische Fassade die barocke ersetzte. Auf der Südseite der Kirche liegt ein klassizistischer Arkadengang, der 1819 bis 1821 angefügt wurde und die Fassade des westlichen Klosterflügels verdeckt. Im Zuge dieser Arbeiten verlieh man dem im 16. Jahrhundert von Anna Jagellona errichteten Glockenturm eine neue Form im Stil der Neorenaissance und verband ihn durch eine Arkadenwand mit der Kirche, sodass ein harmonisches Ganzes entstand.

Das **Innere** der Kirche gehört überwiegend dem Barock an. Die überaus prunkvolle Dekoration und die reiche Ausstattung stammen zum größten Teil aus dem 17. und dem frühen 18. Jahrhundert.

Die Karmeliterkirche mit der durch Säulen gegliederten Fassade erhebt sich neben dem Adam Mickiewicz-Denkmal.

Die Muttergottes von Passau

Unweit der Annenkirche erblickt man eine kleine Steinfigur, die sog. Muttergottes von Passau. Die Statue war zum Glück von allen geschichtlichen Wechselfällen unberührt geblieben und stand schon immer auf diesem kleinen Platz in der Nähe der Krakowskie Przedmieście. Die 1683 von dem Architekten Giuseppe Simone Belotti vollendete Skulptur war nach der Sigismund-Säule das zweites Standbild, das in Warschau errichtet wurde. Es handelt sich um die skulpturale Version eines Gemäldes, das sich in Passau befindet und einem Künstler aus dem Kreis Cranachs zugeschrieben wird. Das Bild stellt *Maria mit dem Jesuskind* dar und wurde in Osteuropa als Schutz gegen die Pest verehrt. Es scheint jedoch, dass diese Statue nicht aufgestellt wurde, um die Stadt vor einer Pestepidemie zu bewahren, sondern um des Sieges von König Johann III. gegen die Ottomanen am Kahlenberg bei Wien zu gedenken.

KARMELITERKIRCHE

Die Karmeliterkirche ist der Himmelfahrt Mariens und dem hl. Joseph gewidmet, den Entwurf gestaltete Giuseppe Simone Belotti. Das Innere hat barocke Formen, während die **Fassade**, die Michał und Karol Radziwiłł in Auftrag gaben, 1761-1762 von Ephraim Schröger entworfen wurde. Die Ausführung dieses frühesten Beispiels klassizistischer Architektur auf polnischem Boden kam 1782 zum Abschluss. Der Architekt greift hier das Motiv der klassischen doppelstöckigen Fassade des 17. Jahrhunderts auf, vereinfacht sie jedoch, indem er auf die barocken Elemente verzichtet. Statt Figurengruppen errichtete er rechts und links zwei originelle Glockentürmchen. Die Mittelachse flankieren auf beiden Ebenen Doppelsäulen, und das Ganze wird von einer großen Kupferkugel bekrönt, die den Erdball symbolisiert. Die Fassade ist eine der wenigen in Warschau, die aus Steinplatten zusammengesetzt ist. Das **Kircheninnere** ist einschiffig mit einer Reihe arkadierter Seitenkapellen. Über der Vierung wölbt sich eine Scheinkuppel, die Wände sind mit korinthischen Pilastern geschmückt. Der Hauptaltar und die Seitenaltäre stammen aus der Mitte des 18. Jahrhunderts.

Denkmal für Adam Mickiewicz

Dieses Denkmal für den großen polnischen Nationaldichter wurde 1898 anlässlich seines hundertsten Geburtstages aufgestellt. Die dafür erforderliche Summe kam durch eine öffentliche Spendenaktion in Polen zusammen; der spätere Nobelpreisträger Henryk Sienkiewicz stand dem dafür einberufenen Komitee vor. Den Auftrag für das Monument erhielt Cyprian Godebski, der zwar aus einer polnischen Familie stammte, aber in Frankreich lebte, wo er hohes Ansehen genoss.

Das Mickiewicz-Denkmal ziert diesen zentral gelegenen Platz unweit der Krakowskie Przedmieście und in der Nähe der Karmeliterkirche. Das Monument ist insgesamt 14,5 m hoch, die Statue allein misst mehr als 4 m. Der Dichter ist aufrecht dargestellt, in dem für ihn typischen Gehrock und mit einem über die Schulter geworfenen Umhang. Er erhebt die Augen nach Inspiration suchend gen Himmel und legt seine rechte Hand auf die Brust.

VISITANTINNENKIRCHE

Die Visitantinnen oder die Nonnen, die zum Orden der Heimsuchung Mariens gehörten, kamen aus Paris und wurden 1654 durch Luisa Maria Gonzaga, die Gemahlin von König Johann II. (Kasimir V.), in Polen eingeführt. Zunächst bestanden die von Luisa Maria gegründete Kirche und das Klostergebäude aus Holz. Die heutige Kirche, die dem hl. Joseph geweiht ist, wurde in mehreren Abschnitten während des 18. Jahrhunderts gebaut und stellt ein hervorragendes Beispiel des polnischen Spätbarocks dar. Der Entwurf stammt von Karol Bay, die Stifterin war Elżbieta Sieniawska, die Frau des Hetmans (Kosakenführer). Der erste Bauabschnitt (1728-1733) musste mangels weiterer Finanzierung unterbrochen werden. Erst später (1754-1763) konnte der Baumeister Ephraim Schröger die Arbeiten fortführen. Trotz der beiden zeitlich getrennten Bauphasen und der unterschiedlichen künstlerischen Konzeptionen entstand ein harmonisches Ganzes, bei dem sich die beiden Bauabschnitte sehr schön ergänzen. Die **Fassadendekoration** besteht aus Nischen- und Giebelfiguren, sowie aus Rokoko-Ornamenten. In den Nischen des mittleren Fassadenabschnitts sind die Heiligen dargestellt, an deren Wort sich die Ordensregel der Visitantinnen inspirierte, der *Hl. Franz von Sales* und der *Hl. Augustinus*. Am Tympanon erscheint das Symbol der göttlichen Vorsehung (ein Auge in einem Dreieck), in der Nische der Bekrönung die Szene mit der *Heimsuchung*. Das einschiffige **Kircheninnere** ist mit Seitenkapellen ausgestattet, der Chor ist etwas schmaler als das Kirchenschiff. Der architektonisch gefasste, großartige *Hauptaltar*, den Ephraim Schröger entwarf und die Werkstatt von Johann Georg Plersch ausführte, wird von der ausdrucksstarken Gestalt *Gottvaters* in der Glorie bekrönt, der die Gläubigen segnet, umgeben von Engeln und Putten sowie der

Auf diesen Seiten, Außen- und Innenaufnahmen der Visitantinnenkirche; links, das Denkmal für Bolesław Prus (1847-1912), polnischer Schriftsteller und Journalist, das man 1977 neben der Kirche aufstellte.

Taube des Heiligen Geistes. Über dem Altar befinden sich ein Gemälde von Tadeusz Kuntze-Konicz mit der *Heimsuchung* und ein Ebenholztabernakel in der Form der barocken Kirchenfassade aus der Zeit der Königin Luise Maria. Die *Kanzel*, die ebenfalls aus der Werkstatt von Plersch stammt, verdient besondere Aufmerksamkeit. Sie hat die Form eines Schiffsbugs mit einem dicken Mast, der mit dem Querholz ein Kreuz bildet. Der über Bord hängende Anker symbolisiert die Hoffnung. Der silberne Adler mit ausgebreiteten Flügeln galt während der polnischen Teilungen als ein Symbol der Unabhängigkeit.

Denkmal für Stefan Wyszyński

Stefan Wyszyński, Kardinal und Primas von Polen, Sinnbild für den langjährigen und schwierigen Kampf, den dieses zutiefst katholische Land gegen das von der kommunistischen Regierung auferlegte Diktat führte, und zugleich fester Bezugspunkt für den künftigen Papst Johannes Paul II., dessen großer Freund er war, ist eine der herausragenden Figuren der polnischen Geschichte des 20. Jahrhunderts. Dem 1981 verstorbenen Kardinal hat man auf dem Platz vor der Visitantinnenkirche ein schlichtes, feierliches Denkmal gewidmet, das 1987 errichtet wurde.

RADZIWIŁŁ-PALAIS

Das Gelände, das heute von der Krakowskie Przedmieście 46/48 eingenommen wird, war früher Eigentum der Familie Koniecpolski. Der Hauptkörper des Gebäudes wurde 1645 von dem Architekten Constantino Tencalla für den Großhetman der Krone, d.h. den Oberbefehlshaber des Heeres, Stanisław Koniecpolski, errichtet. Kurz danach übernahm die Familie Lubomirscy den Besitz, und 1685 gehörte das Palais bereits den Radziwiłł. Nach jedem Besitzerwechsel erfuhr der Palast Umbauten und Veränderungen in der Innenausstattung, an denen beispielsweise Künstler wie A. Locci und J.Z. Deybel beteiligt waren. Die Seitenflügel wurden 1738-1740 von Antonio Solari angefügt. Der nächste Eigentümer war die unabhängige Regierung des polnischen Reiches, die Peter Aigner mit weiteren Umbauten beauftragte. So entstand 1818-19 eine elegante Residenz für Repräsentationszwecke in der noch heute bestehenden klassizistischen Form. Die Regierung überließ die Residenz General Józef Zajączek, dem ersten Gouverneur Polens im Auftrag des Zaren von Russland, weshalb sie im Volksmund „Gouverneurspalast" hieß. Den Haupt-

körper des Gebäudes bekrönt eine Attika mit Balustrade, die mit Skulpturen von Paweł Maliński geschmückt ist. Die Steinlöwen an der Krakowskie Przedmieście sind ein Werk von C. Landini aus dem Jahr 1821. Im Laufe der Zeit erfüllte das Palais vielseitige Zwecke. In der zweiten Hälfte des 18. Jahrhunderts beherbergte es Bälle und öffentliche Vorstellungen – hier gab Wojciech Bogusławski, der Vater des polnischen Theaters, sein Debüt –; während des Vierjährigen *Sejm* diente es als Versammlungsort der Partei der Freunde der Verfassung des 3. Mai; und im 19. Jahrhundert war es Gouverneurssitz des Zaren. Nach der Wiedererlangung der Unabhängigkeit Polens ging das Eigentum des Palais an den Staat über, der das Gebäude als Sitz des Ministerrats benutzte. Nachdem es den Zweiten Weltkrieg praktisch unversehrt überstanden hatte, wurde es seiner früheren Bestimmung zurückgeführt. Seitdem haben hier viele wichtige historische Ereignisse stattgefunden, wie die Unterzeichnung des Warschauer Vertrages im Jahre 1955 und die Gespräche, die 1989 den Übergang vom Kommunismus zur Republik einleiteten. 1994 verlegte Lech Wałęsa die Residenz des Präsidenten der Republik vom Belvedere hierher.

Vor dem Reiterdenkmal des Fürsten Józef Poniatowski kommt die herrliche klassizistische Fassade des Presidialpalais besonders zur Geltung.

Denkmal des Fürsten Józef Poniatowski

Die Ausführung des Monumentes übertrug man Bertel Thorvaldsen. Er nahm sich für die Figur des *Fürsten Józef* die antiken Helden zum Vorbild. Die zeitlose Jugend, die klassischen Formen, die antike Gewandung und das nach vorne gestreckte Schwert sowie das edle, majestätische Pferd, alles spricht für eine Assoziation mit dem römischen *Mark Aurel*. Allerdings kommt nicht die wirkliche, ungestüme Natur des Herzogs zum Ausdruck und auch nicht sein heroischer Tod fürs Vaterland. Thorvaldsen vollendete die Statue 1832, doch durfte sie nicht in Warschau aufgestellt werden. Auf Befehl des Zaren wurde sie nach Modlin transportiert, von wo sie der Gouverneur des Zaren, Herzog Ivan Paskiewicz auf seine Residenz in Homle brachte. Erst nach dem Ersten Weltkrieg kam das Reiterbildnis nach Warschau, wo es auf dem Saski-Platz vor der Kolonnade des Saski-Palais seinen Standort fand. Nach der Zerstörung im Zweiten Krieg konnte es nach dem Modell im Thorvaldsen-Museum in Dänemark neu gegossen werden, als ein Geschenk des dänischen Volkes an Polen. Zunächst stand es vor der Orangerie im Łazienki-Park. 1965 entschied man sich für den heutigen Standort an der Krakowskie Przedmieście.

Das Tyszkiewicz-Palais mit maßvoll eleganten Bauformen.

TYSZKIEWICZ-PALAIS

Dieses stattliche klassizistische Palais, das Stanisław Zawadzki und Jan Chrystian Kamsetzer entwarfen, wurde in den Jahren 1785-1792 für den Großmarschall von Litauen, Ludwik Tyszkiewicz erbaut. Besonders typisch für diese Architektur sind die *Atlantenfiguren* von André Le Brun an der zur Krakowskie Przedmieście weisenden Fassade. Sie stützen den Balkon des ersten Stockwerks und fassen zugleich den Haupteingang ein. Die Figuren inspirieren sich an den *Atlanten* des Dionysios-Theaters in Athen. Die Seitenwand, die zur Visitantinnen-Kirche blickt, ist mit Halbsäulen dekoriert; sie umrahmen die Fenstertüren des ersten Stockwerks, die auf den von steinernen Konsolen getragenen Balkon führen. Der Palast wird von Emblemen mit Fahnen und Waffen bekrönt, die darauf anspielen sollten, dass der Besitzer das Amt eines Hetmans (Oberbefehlshaber) innehatte.

Das nach den Schäden des Zweiten Weltkrieges wiedererrichtete Gebäude beherbergt heute das Zeichenkabinett der Universitätsbibliothek.

DIE WARSCHAUER UNIVERSITÄT

Die Universität von Warschau wurde 1816 auf Initiative von Stanisław Staszic und Stanisław Kostka Potocki eingerichtet, indem sie die (1808 gegründete) Rechts- und Verwaltungsschule und die (1809 gegründete) Medizinschule zusammenlegten. Damals gab es fünf Fakultäten: Theologie, Jura und Verwaltung, Medizin, Philosophie, Schöne Künste und Naturwissenschaften. 1830 wurde die Universität auf Befehl der zaristischen Machthaber geschlossen. Erst 1862 öffnete sie ihre Tore wieder als Warschauer Hochschule, die dann 1869 zur kaiserlich-russischen Universität wurde. Erst 1915 erlangte sie wieder ihren Status als polnische Universität. Während des letzten Krieges und der deutschen Besatzung wurde sie von den Nazis erneut geschlossen, blieb aber weiterhin im Untergrund in Betrieb. Nach dem Wiederaufbau ist sie heute die größte Universität des Landes. Der Eingang erfolgt durch das von Stefan Szyller Anfang des vorigen Jahrhunderts entworfene neubarocke *Tor*, über dem sich in der Mitte der gekrönte *polnische Adler* erhebt. Rechts und links stehen in Nischen Steinskulpturen.

Oben, das Eingangstor zur Warschauer Universität; rechts, das Bibliotheksgebäude der Universität.

DIE UNIVERSITÄTSBIBLIOTHEK

Die Bibliothek wurde 1891 bis 1894 ebenfalls nach Plänen von Szyller verwirklicht. Die krönende Skulpturengruppe über der Fassade stellt die *Apotheose von Kenntnis und Wissenschaft* dar. An der Rückwand des Gebäudes befindet sich ein Tympanon mit der Darstellung *Juno bringt den Göttern im Olymp die Wissenschaft dar*, darunter stehen Büsten von Wissenschaftlern auf dekorativen Konsolen. Im Inneren des Gebäudes befinden sich Büchersammlungen, Lesesäle, ein großer, zweistöckiger Katalogsaal, in den das Licht durch ein von einer Stahlkonstruktion getragenes Glasdach einfällt, Handschriften- und Bibliotheksräume. Alle dem Publikum zugänglichen Räume sind reich verziert mit Stuckdekorationen. Hinter dem Bibliotheksgebäude liegt das **Kasimir-Palais**, das 1634 für König Ladislaus IV. errichtet und 1660 von König Johann Kasimir umgestaltet wurde. Heute beherbergt der Kasimir-Palast das Rektorat der Universität Warschau.

HEILIGKREUZKIRCHE

Die Kirche ist der Auffindung des Heiligen Kreuzes gewidmet. In ihrer gegenwärtigen Form wurde sie von 1679 bis 1696 für die Missionare erbaut, die Königin Luisa Maria 1651 nach Polen holte. Der Entwurf für das Gebäude stammt von dem italienischen Architekten Giuseppe Simone Belotti, der in Warschau tätig war. Die mächtige Fassade mit zwei Glockentürmen wurde in den Jahren 1725-1737 nach Plänen von Giuseppe Fontana errichtet, und den mittleren Teil vollendete Jacopo Fontana in der zweiten Hälfte des 18. Jahrhunderts. 1858 setzte man auf die Balustrade der Eingangstreppe die wunderschöne Skulptur des *Kreuztragenden Christus*, nach einem Entwurf von Andrzej Pruszyński. Das **Innere** der Kirche hat einen kreuzförmigen Grundriss, mit einem Chorraum auf zwei Ebenen und einem Querschiff. Auf beiden Seiten des Kirchenschiffs reihen sich durch Arkaden verbundene, große Kapellen aneinander. Von den ehemals sieben Altären haben sich nur drei – auf der Südseite – in ihrer ursprünglichen Form erhalten. Die anderen sind Rekonstruktionen. Der Hauptaltar, wie auch die anderen Altäre, weisen einen Barockstil mit klassischen Stilelementen auf. Das zentrale Gemälde stellt eine *Kreuzigung* dar. Eine Besonderheit der Heiligkreuzkirche sind die *Epitaphe* und *Gedenktafeln*, die an berühmte Polen, Künstler und Wissenschaftler erinnern. Diese Tradition begann mit der 1880 enthüllten Statue von Frédéric Chopin vor dem Grab des Komponisten.

Unten, die monumentale Fassade der Heiligkreuzkirche mit den beiden hohen Seitentürmen; rechts, das helle Kirchenschiff.

STASZIC-PALAIS

Am Ende der Krakowskie Przedmieście steht das monumentale klassizistische Palais, das 1820 bis 1823 als Sitz für die Gesellschaft der Freunde der Wissenschaft erbaut wurde. Die Hauptanstrengungen dafür unternahm der Mitbegründer und seit 1808 auch Präsident der Gesellschaft, Stanisław Staszic, der außerdem ein Aktivist und politischer Schriftsteller der Aufklärung war. Den Entwurf für das Gebäude lieferte Antonio Corazzi, ein florentinischer Architekt. Die monumentale **Fassade** wird durch korinthische Pilaster gegliedert. Der zentrale Baukörper besteht aus zwei Risaliten, ebenfalls mit korinthischen Säulen, und wird von einer Attika mit großem halbkreisförmigen Fenster und einer kleinen Kuppel bekrönt. 1892-1893 verwandelte der russische Architekt M. Pokrowski das Palais in ein Gebäude russisch-byzantinischen Stils. Damals waren hier ein russisches Gymnasium und eine russisch-orthodoxe Kirche untergebracht. Nach dem Ersten Weltkrieg wurden 1924-1926 unter der Leitung von Marian Lalewicz Restaurierungsarbeiten durchgeführt, die das ursprüngliche Aussehen des Palastes zum Ziel hatten. Zwischen den beiden Kriegen hatte hier die Wissenschaftsgesellschaft ihren Sitz. Nach den Bombenschäden des letzten Krieges wurde das Gebäude von 1947 bis 1959 in seiner einstigen Form wiederaufgebaut und in Richtung Świętokrzyska-Straße erweitert. Heute sind hier Institute und Abteilungen der Polnischen Akademie der Wissenschaften untergebracht.

Die majestätische klassizistische Fassade des Staszcic-Palais, davor das Kopernikus-Denkmal.

Kopernikus-Denkmal

Stanisław Staszic hatte als erster die Idee, dem berühmten polnischen Astronom ein Denkmal zu errichten. Unter den historischen Umständen der damaligen Zeit (den polnischen Teilungen) sollte ein Monument dieser Art die Verbindung der polnischen Nation mit der Tradition ausdrücken und für eine respektvolle Haltung vor Lehre und Wissenschaft werben; und es sollte nicht nur Nationalgefühl zeigen, sondern auch den Geist der Nation. Ursprünglich wollte man das Denkmal in Kopernikus' Heimatstadt Thorn aufstellen. Das Projekt des Architekten Peter Aigner sah einen etwa 16 m hohen Obelisken aus Granit vor, auf dessen Seiten die Symbole des Tierkreises und auf dem Sockel die Planeten des Sonnensystems erscheinen sollten.

Veränderungen der politischen Situation Polens – damals entstand das sog. „Kongress-Polen", zu dem Thorn nicht mehr gehörte – führten dazu, dass man für das Denkmal einen anderen Standort suchen musste, und so fiel die Wahl auf Warschau. Zuerst war der Platz vor dem Kasimir-Palast im Gespräch (dort steht heute die Universitätsbibliothek), doch dann entschied man sich für den Freiraum vor dem Palais der Gesellschaft der Freunde der Wissenschaft, um dessen Bau sich Stanisław Staszic derzeit bemühte. Man veränderte auch das Konzept des Monumentes, indem man dem symbolischen Obelisken die Figur des Kopernikus mit astronomischen Instrumenten in der Hand vorzog. 1820 bat man den dänischen Bildhauer Bertel Thorvaldsen um die Ausführung. Thorvaldsen, für den das Schönheitsideal sich gänzlich in der Kunst der Antike ausdrückte, versuchte in dieser Arbeit, seine persönlichen Neigungen mit den ausdrücklichen Wünschen der Auftraggeber in Einklang zu bringen. Er stellte den großen Wissenschaftler als Sitzfigur mit einer Toga bekleidet dar, mit einem Kompass in der rechten Hand und einem Astrolabium in der linken. In würdiger, ernsthafter Haltung und mit Gesichtszügen, die den bekannten Bildnissen ähneln, richtet er seine Augen zum Sternenhimmel, dem Gegenstand seiner Forschung. Der Sockel, der nach einem Entwurf von Adam Idźkowski und Antonio Corazzi entstand, trägt auf zwei Seiten eine lateinische Inschrift: NICOLAO COPERNICO GRATA PATRIA und einen polnischen Satz, der auf Deutsch folgendermaßen lautet: FÜR NIKOLAUS KOPERNIKUS VON SEINEN LANDSLEUTEN. Während der deutschen Besatzung blieb das Monument unversehrt, doch die polnische Inschrift wurde durch eine deutsche Schrifttafel verdeckt. Im Rahmen der sog. kleinen Sabotage entfernten Pfadfinder von der Szare Szeregi (Graue Gruppe) in einer Protestaktion die Tafel und versteckten sie. Dies geschah praktisch unter den Augen der Deutschen, deren Hauptquartier sich ganz in der Nähe befand. Während des Warschauer Aufstandes (1944) wurde das Denkmal erst beschädigt und dann niedergerissen. Schon im Juli 1945 stand es wieder auf seinem Sockel und 1949 restaurierte man das gesamte Monument.

ULICA MIODOWA

*Auf dieser an die Altstadt grenzenden Straße im Zentrum von Warschau,
das im letzten Weltkrieg stark zerbombt worden war,
reihen sich heute elegante Prachtbauten aneinander:
barocke Kirchen und stattliche Paläste, unter anderem das Borch-Palais,
seit Mitte des 19. Jahrhunderts
Sitz des Primas von Polen.*

KRASIŃSKI-PALAIS

Dieses Palais ist eines der bedeutendsten Bauwerke
des aus Holland stammenden und in Polen tätigen
Architekten Tylman van Gameren. Gebaut wurde es
1677-1682 für den „Starosta" (den Dorfältesten oder
Bürgermeister) von Warschau, Jan Dobrogost Krasiński.
Bemerkenswert ist vor allem der Dekorationskomplex
der beiden Giebel über den Risaliten, der die Familie
Krasiński verherrlicht, insbesondere den legendären
Vorfahren, den römischen Patrizier Marcus Valerius,
Corvinus genannt (ein Rabe erscheint auch im Wappen
der Krasiński).
Der Palast blieb bis 1765 Eigentum der Familie
Krasiński, dann wurde er von den Nachfahren des
Gründers verkauft und zum Sitz des Kronschatzes.
Heute beherbergt er die Abteilung für Handschriften
und alte Drucke der Nationalbibliothek.

*Ansichten des Krasiński-Palais; unten, der klassizistische Brunnen
(1823-1824) vor dem Palast.*

Der schlichte Baustil der sog. Militärkathedrale (Marienkirche).

Oben, der mit klassizistischem Fries geschmückte halbrunde Eingang des Pac-Palais.
Darunter, das Borch-Palais mit üppigem Garten.

MILITÄRKATHEDRALE

Diese imposante Barockkirche wurde von 1660 bis 1682 nach Plänen des Architekten Tito Buratini erbaut. Die **Fassade** wurde 100 Jahre später angefügt. Heute dient das Gebäude als Militärkirche der polnischen Armee und birgt im Inneren Gedenksteine für die Gefallenen des Zweiten Weltkrieges. Während der langen Bauzeit schmückte sich die Kirche mit wertvollen Kunstwerken. Ein ungewöhnliches Kapitel in der Geschichte dieser Marienkirche fällt in das Jahr 1835, als das Gebäude unter der Zarenherrschaft in eine russisch-orthodoxe Kirche verwandelt und mit Kuppeln ausgestattet wurde, die dann 1918 im Zuge einer Rückführung zu ihrer ursprünglichen Form wieder entfernt wurden.

PAC-PALAIS

Dieses wunderschöne Palais mit halbkreisförmigem *Eingang*, den ein klassizistischer Fries ziert, bewahrt noch deutlich ein zweifaches Erscheinungsbild: einerseits die Gestalt, die ihm der erste Architekt, Tylman van Gameren, verlieh, der das Gebäude in den letzten zwei Jahrzehnten des 17. Jahrhunderts für Dominik Radziwiłł errichtete; und andererseits die Veränderung, die Henryk Marconi in den Jahren von 1824-1828 einbrachte, als er auf Wunsch der neuen Besitzer, der Familie Pac, einen neuen Flügel an der Miodowa-Straße anfügte. Bei dieser Gelegenheit erhielt das gesamte Gebäude rein klassizistische Züge, während die Innenräume aufs Feinste in neugotischem und maurischem Stil ausgestaltet wurden. An dem Werk war unter anderem Ludwik Kaufmann, ein Lieblingsschüler von Antonio Canova, beteiligt.

BORCH-PALAIS

Dieses am Rand der Miodowa-Straße in der Nähe der Altstadt gelegene Palais mit üppigem Garten wurde im 17. Jahrhundert von Graf Ricourt erbaut. Anfangs beherbergte es in seinen Sälen die berühmtesten und fanatischsten Spieler des damaligen Warschau. In der zweiten Hälfte des 18. Jahrhunderts übernahm Jan Borch, ein Abgeordneter der Krone, das Gebäude und richtete es als Wohnpalais ein. Er ließ es gründlich restaurieren und verlieh ihm die heutige würdige Gestalt.

DENKMAL DES WARSCHAUER AUFSTANDS

Nach dem Krieg versuchten die sowjetfreundlichen Autoritäten noch lange Zeit, den Heldenmut der Aufständischen herabzusetzen. So wurde dieses Denkmal des Warschauer Aufstands am Krasiński-Platz erst am 1. August 1989, genau 45 Jahre nach dem Beginn der Kämpfe, enthüllt: Zwei Statuengruppen von Wincenty Kućma vor der gewaltigen Kulisse des Architekten Jacek Budyn stellen jeweils eine Schar Rebellen dar, die eine Barrikade verteidigen und in die Kanalisation hinuntersteigen. Insgesamt ein erschütterndes Monument von großer Aussagekraft und historischer Bedeutung.

Dieses schlichte und dennoch großartige Monument wurde als Gedenkstätte errichtet für alle jene Bewohner von Warschau, die sich unter Einsatz ihres Lebens und unsäglichen Schwierigkeiten für die Befreiung der Stadt von der Naziherrschaft eingesetzt haben.

Der Warschauer Aufstand

Photo by MPW

Eine Barrikade an der Ecke Moniuszki-/ und Marschallstraße.

Das heldenhafte Martyrium der Hauptstadt Polens, die, durch Hunger und Entbehrungen, Deportation und Verfolgung völlig geschwächt und wohl wissend, dass die alliierten Truppen anrückten, beschloss 1944, sich die Freiheit allein zu erkämpfen.

Der Warschauer Aufstand begann am 1. August 1944 um fünf Uhr nachmittags. Es folgten 63 Tage blutiger Kämpfe von Haus zu Haus. Mit der Roten Armee vor den Toren der Stadt erhob sich Warschau, um die deutschen Truppen zu vertreiben und eine polnische Nationalregierung zu bilden, bevor die Sowjetrussen einmarschierten. Aber die russische Offensive machte unerwartet an der Weichsel halt, und die Deutschen, erleichtert über die Ankunft eines beachtlichen Nachschubs – Truppen, die durch die geringere russische Bedrohung verfügbar waren – gingen mit brutaler Gewalt gegen die Rebellen vor, denen es immerhin gelungen war, einen Großteil der Stadt zu erobern.

Die zerbombte St. Annenkirche auf dem Plac Trzech Krzyży.

Der Beschuss des von polnischen Streitkräften besetzten Rathauses durch die am Theaterplatz postierte deutsche Artillerie.

Photo by MPW

Photo by Roger-Viollet/Archivi Alinari

Photo by MPW

Ein zerbombtes Gebäude an der Ecke Mokotowska-/
und Wilcza-Straße.

Die Nazis legten ganze Stadtteile buchstäblich in Schutt und Asche,
sodass die heroische aber unzureichende Hilfe der Alliierten nur wenig
bewirken konnte. So kostete dieser Aufstand Warschau 200.000 Tote und
eine verheerende Verwüstung.

Photo by MPW

Der verwüstete Marktplatz
nach dem Bombardement im Januar 1945.

Oben, Blick vom Kommissariat
zum Kopernikus-Denkmal und Palais Staszic.

Photo by Roger-Viollet/Archivi Alinari

SOLIDARNOSC-ALLEE

*Im 18. und 19. Jahrhundert pulsierte hier das wahre Herz Warschaus,
in einem von einer breiten Allee durchzogenen Stadtgebiet, der Aleje Solidarności,
mit großzügigen Plätzen und eleganten klassizistischen Bauten,
die von weitläufigen gepflegten Gärten umgeben waren.
Hier befand sich das Rathaus, hier, auf dem später Józef Piłsudski genannten Platz,
fanden die öffentlichen Festakte statt, hier wurde eines der größten Theater Europas errichtet.
Selbst die Kriegsschäden konnten diesem Stadtviertel nichts von seinem Zauber nehmen,
nicht zuletzt dank einer langjährigen und gründlichen Rekonstruktion,
die bis in unsere Tage anhält.*

DAS PALAIS DES PRIMAS VON POLEN

Der erste Sitz des Primas in Warschau wurde Ende des 16. Jahrhunderts im Stil der Renaissance erbaut. Ende des folgenden Jahrhunderts beauftragte der Primas Michał Radziejowski den besten Architekten der damaligen Zeit, Tylman van Gameren, mit einem Neubau, der die Erweiterung des Palastes durch Anbauten an den Ecken der Hauptfassade wie auch der Gartenfassa-de vorsah, wo die Flügel im Vergleich zum Hauptkörper zurücktraten. Ein weiterer Umbau erfolgte in der ersten Hälfte des 18. Jahrhunderts, die wichtigsten Arbeiten in der Geschichte des Palastes wurden jedoch von 1777 bis 1783 vorgenommen, als Ephraim Schröger das Gebäude noch einmal vergrößerte und ihm die heutige klassizistische Gestalt verleih. Nach einem Brand 1939 wurde das Palais 1949-1952 in der Form wiederaufgebaut, die es Ende des 18. Jahrhunderts besaß.

*Das erste Palais des Primas von Polen wurde 1949 neu erbaut
und erhielt 1952 seine Gestalt im Stil des 18. Jahrhunderts.*

Auf dem großen Freiraum, auf dem der Piłsudski-Platz liegt, steht heute genau vor dem Grab des Unbekannten Soldaten, ein als Millennium bekanntes Gebäude, das sich durch die Eleganz seiner futuristischen Linienführung auszeichnet, die moderne Schöpfung eines der berühmtesten Architekten der Welt, Sir Norman Foster.

PIŁSUDSKI-PLATZ

Der große Freiraum, früher der Hof des Sächsischen Palastes, der heute den Namen des Marschalls Józef Piłsudski trägt, war im 19. Jahrhundert offizieller Fest- und Paradeplatz. Heute bildet er den Zugang zum Sächsischen Garten und fügt sich harmonisch in das Stadtbild mit weit moderneren Gebäuden ein.

Denkmal für Józef Piłsudski

Am Eingang zum Sächsischen Garten erinnert ein schlichtes Denkmal an eine der herausragenden politischen Persönlichkeiten des 20. Jahrhunderts, Józef Piłsudski, Marschall des polnischen Heeres, der, nachdem er sein Vaterland 1918 befreit hatte, als erster das Amt als Staatschef des unabhängigen Polen bekleidete.

DAS FINANZ- UND SCHATZAMT

Das Finanz- und Schatzamt gehört zu einem Gebäudekomplex, den Antonio Corazzi zur Aufnahme des Staatsschatzes entwarf und der von 1824 bis 1830 verwirklicht wurde. Diese Gebäudegruppe, die auch den Sitz des Schatzministeriums und der Diskontbank umfasst, bildet ein erstaunlich harmonisches Ganzes und ist zweifellos eines der besten Werke von Corazzi. Das wichtigste Gebäude in diesem Komplex ist das Finanz- und Schatzamt (1824-1825), das die Stelle des früheren Leszcyński-Palais aus dem 17. Jahrhundert einnimmt.
Den Hauptkörper des Gebäudes auf der Rückseite des Innenhofes schmückt ein mächtiger *Portikus* mit sechs korinthischen Säulen und Dreieckgiebel.

Links, das Gebäude des Finanz- und Schatzamtes mit vorgebautem monumentalen Portikus. Unten links, das Große Theater, ein Bau aus der ersten Hälfte des 19. Jahrhunderts.

DAS GROSSE THEATER

Das Große Theater wurde 1825-1832 nach einem Entwurf von Antonio Corazzi gebaut. Früher befand sich hier *Marywill*, ein von Königin Maria Kasimira veranlasstes Geschäftszentrum, das Tylman van Gameren entworfen hatte und dann 1825 demoliert wurde. Der einzige erhaltene Gebäudeteil des *Marywill* ist ein Anbau, das sog. Säulenhaus oder Markthaus, das Peter Aigner 1810 angefügt hatte. Corazzi machte aus diesem Anbau den linken Theaterflügel und ergänzte die rechte Gebäudeseite nach Aigners Vorbild mit einem Gegenstück. Die **Fassade** des Großen Theaters besteht aus dorischen Säulen an den beiden Flügeln, einem zentralen Vorbau mit korinthischen Säulen und einem mit Reliefs geschmückten Dreieckgiebel, einem Werk des italienischen Bildhauers Tommaso Acciardi, der hier den griechischen Dichter Anakreon, umgeben von tanzenden Figuren, darstellte. 1890 fügte man dem Mittelkörper eine Vorhalle an; der schmückende Fries mit der Darstellung der *Rückkehr des Ödipus von den Olympischen Spielen* ist ein Werk von Paweł Maliński. Im Verlauf des letzten Krieges wurde das Theater stark beschädigt und das Innere brannte vollkommen aus. Nur die klassizistische Fassade blieb verschont, an die 1952 bis 1965 das heutige Gebäude von Bohdan Pniewski angefügt wurde. Vor dem Theater stehen die *Denkmäler für Stanisław Moniuszko* und *Wojciech Boguławski*.

THEATERPLATZ

Der Platz wurde in den ersten Jahrzehnten des 19. Jahrhunderts angelegt, praktisch zur gleichen Zeit, als das große Theater gegründet wurde. Lange Zeit war er das Kultur- und auch Handelszentrum der Stadt, mit seinen renommierten Geschäften und Nobelrestaurants. Hier standen die **Andreaskirche** (sie wurde in klassizistischem Stil wiederaufgebaut, mit einer Fassade der neunziger Jahre des 20. Jahrhunderts) und das **Jabłonwski-Palais**, in dem von 1817 bis 1819 das Rathaus untergebracht war. Während des Zweiten Weltkrieges wurde der Theaterplatz fast vollständig zerstört, und nur wenige Gebäude konnten unmittelbar danach wiederaufgebaut werden. Eine neue Phase des Wiederaufbaus erfolgte jedoch Ende des 20. Jahrhunderts, mit dem Ziel, einen Großteil der früheren Palais zu rekonstruieren.

*An der Stelle des ehemaligen Rathauses errichtete man zum ewigen Gedenken an die Gefallenen von 1939 bis 1945 das **Monument für die Helden von Warschau**. Das als „Warschauer Nike" bekannte Denkmal wurde vor kurzem von seinem ursprünglichen Standort entfernt und wegen Bauarbeiten am Theaterplatz auf einer benachbarten Böschung der Schnellstraße „W-Z" aufgestellt.*

*Ein farbenprächtiger Blumenteppich umkränzt
das Ehrenmal des Unbekannten Soldaten,
das man unter einer Arkade der eleganten Kolonnade
des ehemaligen Sächsischen Palais angelegt hat.*

DAS GRAB DES UNBEKANNTEN SOLDATEN

Von dem ehemaligen herrlichen Sächsischen Palais blieb nach den furchtbaren Kriegsereignissen des 20. Jahrhunderts nur ein geringfügiger Rest der mächtigen Kolonnade am Eingang des Sächsischen Gartens erhalten. Dennoch gelang es, diesen Gebäudeteil sorgsam zu restaurieren und einen würdigen Rahmen für das Grab des Unbekannten Soldaten zu schaffen, in dem man 1925 einen namenlosen Gefallenen bestattete. So wird jeder Besucher, der den Sächsischen Garten betritt, wenigstens einen Augenblick an die vielen tausend polnischen Soldaten erinnert, die auf den Schlachtfeldern ihr Leben ließen und nie identifiziert werden konnten. Eine besondere Attraktion ist auch die feierliche Wachablösung der Patrouille, die das Grab Tag und Nacht bewacht.

Der Sächsische Garten zeichnet sich durch zahlreiche Gartenskulpturen
aus, unter anderem 21 Statuen von Musen und Tugenden (unten)
aus dem 18. Jahrhundert; hinter dem Grabmal des Unbekannten Soldaten
steht eine reizende Fontäne (oben), die Mitte des 19. Jahrhunderts
nach einem Entwurf von Henryk Marconi errichtet wurde.

SÄCHSISCHER GARTEN

1713 bis 1733 beauftragte der sächsische König August II. die Architekten Jan Neuman und Mateusz Popelmann mit der Anlage eines großen Parks, der sog. Sächsischen Achse, die rund um die königliche Residenz (das Sächsische Palais mit majestätischer Kolonnade) und die kulissenartigen Gärten verlief, die sich, wenn auch entfernt, an den Versailler Gartenanlagen inspirierten. Nachdem der Sächsische Garten 1727 zum ersten öffentlichen Park Warschaus geworden war, verwandelte James Savages in den frühen Jahren des 19. Jahrhunderts die Anlage in einen Englischen Garten. Heute ist dieser wunderschöne Park mit 21 Statuen von *Musen*

Denkmal für Maria Konopnicka

Der Sächsische Garten mit seiner lieblichen idyllischen Atmosphäre erschien den Stadtvätern der ideale Standort für das ausdrucksvolle Denkmal der polnischen Dichterin, Erzählerin und Romanschriftstellerin Maria Konopnicka, die von einem starken Vaterlandsgefühl beseelt war. Sie wurde 1842 in Warschau geboren und starb im Jahre 1910.

Mitten in den üppigen Parkanlagen stößt man auf eine große Sonnenuhr, und am Rand eines im Grünen versteckten, idyllischen Teiches steht ein Wasserturm aus dem 19. Jahrhundert (unten), dessen Entwurf von Henryk Marcone sich ein wenig am Vestatempel in Tivoli inspiriert.

und *Tugenden* (ursprünglich waren es jedoch viel mehr) und einem 1854 angelegten künstlichen See ein beliebtes Ausflugsziel der Warschauer. Auch hier richtete der Krieg leider große Schäden an. So gingen beispielsweise das pittoreske Sommertheater aus Holz wie auch das großartige Sächsische Palais verloren.

MARSCHALLSTRASSE UND UMGEBUNG

Als 1845 der neue Bahnhof für die Strecke Warschau-Wien an der Marschallstraße (Marszałkowska)
eröffnet wurde, entwickelte sich dieses Stadtgebiet an der Kreuzung mit der Aleje Jerozolimskie
nach und nach zu einem der wichtigsten Geschäftszentren von Warschau, auf Kosten
des unweit entfernten Geländes rund um den Theaterplatz.
Nach der Zerstörung im Zweiten Weltkrieg sind hier – mit Ausnahme weniger Palais
aus dem 19. Jahrhundert – vor allem in der zweiten Hälfte des 20. Jahrhunderts,
und insbesondere in den fünfziger bis neunziger Jahren,
riesige Bauten entstanden.

Der Palast für Kultur und Wissenschaft erhebt sich mit seiner
in den Himmel ragenden Silhouette (unten) zwischen den modernen
Hochhäusern in der Umgebung der Marschallstraße.

PALAST FÜR KULTUR UND WISSENSCHAFT

Westlich der Marszałkowska-Straße, zwischen der *Świętokrzyska* und *Jerozolimskie-Allee*, wurde der sog. **Paradeplatz** (*Plac Defilad*) angelegt, nachdem man die Reste der Straßen, die früher die Marszałkowska-Straße kreuzten und 1944 zerstört worden waren, abgeräumt hatte. Den Platz beherrscht der monumentale Palast für Kultur und Wissenschaft, der in den Jahren 1952-1955 nach Plänen des russischen Architekten Lev Rudniev entstand und Warschau als ein Geschenk der Sowjetunion übergeben wurde. Einschließlich der Turmspitze erreicht er eine Höhe von 134 Metern. Vor dem Haupteingang (an der Marszałkowska-Straße) stehen *Skulpturen*, die Adam Mickiewicz (ein Werk von Stanisław Horno-Popławski) und Nikolaus Kopernikus (ein Werk von Ludwika Nitschowa) darstellen. Der riesige Palast beherbergt u. a. die polnische Akademie der Wissenschaften, das polnische UNESCO-Komitee und die polnische Abteilung des Pen-Clubs. Außerdem gibt es Theater (Dramatyczny, Studio, Lalka), Museen (*Technologie-Museum* und das von der polnischen Akademie der Wissenschaften geleitete *Zoologie-Museum*), sowie Ausstellungshallen, Restaurants, Cafés, Sporthallen und sogar ein schönes Schwimmbad. In der wie ein Amphitheater wirkenden Kongresshalle finden zahlreiche Festakte und Veranstaltungen statt.

Im dreißigsten Stockwerk des Palastes gibt es eine Aussichtsterrasse, von der man etwa 30 km weit über Warschau hinwegblicken kann.

An der Ostseite der Marszałkowska-Straße baute man in den Jahren 1962 bis 1969 längs des Paradeplatzes, die sog. *Ostwand*, einen Gebäudekomplex mit vier Kaufhäusern, der PKO-Rotunde (Polnische Sparkasse), drei 24 Stockwerke hohen Wolkenkratzern, Geschäften, Cafés, Kinos und Theatern. Auf der Rückseite der Kaufhäuser verläuft eine Promenade, abseits vom Straßenverkehr des Zentrums, eine angenehme Fußgängerzone mit Lauben, Blumenrabatten und gemütlichen Cafés zum Sitzen im Freien.

Weitere Bilder vom Außenbau und eine Innenaufnahme des gewaltigen Palastes für Kultur und Wissenschaft, Wahrzeichen des modernen Warschau.

Das moderne Warschau, das in all seiner futuristischen Ausstrahlung
das Areal rund um den Paradeplatz und Kulturpalast beherrscht,
flimmert bei Nacht im Schein Tausender von Lichtern, die den Charakter
dieses avantgardistischen Viertels ausmachen.

DAS MODERNE
WARSCHAU

Auch die Stadt Warschau hat inzwischen ihren triumphalen Einzug in das dritte Jahrtausend gehalten, und nach der politischen und kulturellen Wende, die 1989 mit dem Fall der Berliner Mauer eingeleitet wurde, sieht es so aus, als hätten auch die städtebauliche Entwicklung und das Bauwesen neue Impulse erhalten. So entstanden neben den modernen Gebäuden der vorausgehenden Jahrzehnte jetzt rund um die Ostwand und den Kulturpalast neue und avantgardistische Hochhäuser: *Hotel Marriott*, *Intraco 2* und *Tower*, drei unverwechselbare „Türme" im Stadtzentrum, dann *Ilmet*, ein weiterer spektakulärer Wolkenkratzer, und schließlich eine Neuerung zugunsten des chaotischen Stadtverkehrs, die neue, moderne **U-Bahn**. Gegenwärtig gibt es nur eine Metro-Linie, die von der neu gebauten zweistöckigen Station (*Warschau Zentrum*) im Geschäftszentrum der Ostwand durch verschiedene Stadtviertel nach Süden fährt. Weitere Linien sind aber im Bau, und auch neue Stationen sind geplant, die diesen Verkehrsdienst ausdehnen und leistungsfähiger machen sollen.

ZACHĘTA-GEBÄUDE

Die Gesellschaft zur Förderung der Schönen Künste (Zachęta) war in Warschau von 1860 bis 1939 tätig. Diese Organisation, in der Künstler und Kunstliebhaber zusammengefasst waren, hatte es sich zur Aufgabe gemacht, die polnische Kunst zu verbreiten und die Künstler – vor allem Anfänger – zu unterstützen, indem sie die Schirmherrschaft übernahm für Einzel- und Sammelausstellungen, Wettbewerbe und Veröffentlichungen und indem sie Stipendien verlieh. Im Jahre 1900 wurde für diese Organisation das sog. Zachęta-Gebäude errichtet, für das Stefan Szyller die Pläne lieferte. Der Originalentwurf sah einen Vierflügelbau um einen verglasten Innenhof vor, der als Ausstellungssaal dienen sollte. Zunächst wurde jedoch nur die Fassade verwirklicht, bei der Bauelemente der Renaissance und klassizistische Formen vorherrschten. Von 1901 bis 1903 fügte man an der Südseite des Gebäudes einen Seitenflügel an. In jüngerer Zeit, d.h. in den 80er Jahren,

Das Zachęta-Gebäude, pulsierendes Herz der Kultur- und Kunstszene von Warschau.

WARSCHAUER POLYTECHNIKUM

Die Tradition des Warschauer Polytechnikums geht auf das Jahr 1825 zurück, als eine erste Polytechnische Schule gegründet wurde, die jedoch 1831 infolge des Novemberaufstands geschlossen und erst 1897 wieder geöffnet wurde. In den Jahren von 1899 bis 1901 konnte dank öffentlicher Mittel ein neuer Schulsitz gebaut werden. Das Hauptgebäude, das nach Plänen von Stefan Szyller verwirklicht und im Jahre 1900 fertig gestellt wurde, war Teil eines größeren Projekts, das auch Räume für die Physikabteilung umfasste; den übrigen Bereich für die Abteilungen Mechanik und Chemie entwarf Bronisław Brochowicz Rogoyski. Das Hauptgebäude des Polytechnikums hat eklektischen Charakter, mit Renaissance-Elementen, die sich an der Klassik inspirieren. Die auf der Attika thronende Skulpturengruppe von Pius Weloński stellt die *Verherrlichung der Wissenschaft* dar.

Oben, die eklektische Fassade des Warschauer Polytechnikums; rechts, eine Ansicht der typischen Häuser in der Aleje Jerozolimskie.

wurden nach einem Entwurf von Czesław Bielecki zusätzliche Erweiterungen vorgenommen. Heute ist die „Zachęta" Sitz des Ausstellungszentrums, das Wechselausstellungen für polnische und ausländische Kunst organisiert.

ALEJE JEROZOLIMSKIE

Die Gebäude der Aleje Jerozolimskie (Jerusalem-Allee) zwischen der Marszałkowska-Straße und der Emilii Plater-Straße sind ein hervorragendes Beispiel für die Warschauer Architektur des frühen 20. Jahrhunderts, wo kein spezieller Baustil vorherrschte und man nur teilweise den Einfluss der Art Nouveau verspürte. Der Jugendstil kam Anfang des 20. Jahrhunderts auf und stellte eine Reaktion auf den Klassizismus und den Eklektizismus der Formen dar, die damals in der Kunst und Architektur in Mode waren. Typische Jugendstilelemente sind die Asymmetrie, fließende Linien und Blumenmotive.

MUSEUM DES WARSCHAUER AUFSTANDES

Zum sechzigsten Jahrestag des Beginns des Warschauer Aufstandes wollte die Stadt diesem tragischen und unvergesslichen Ereignis ein Museum widmen, das für jeden Besucher der polnischen Hauptstadt, der die wahre Seele dieses Volkes begreifen will, eine obligatorische Etappe darstellt. Bei der Einrichtung dieses Museums war nicht der Gedanke vorrangig, geschichtliche Ereignisse zu rekonstruieren, sondern vor allem die Atmosphäre, die Eindrücke, die Gefühle und die Ängste dieser entsetzlich traurigen Tage wiederzugeben. All dies nicht nur anhand von Fotomaterial, Dokumenten und Fundstücken (auf rund 2000 m² Museumsfläche sind über 1000 Fotos und 500 Gegenstände von großem historischem Interesse ausgestellt), sondern auch anhand beeindruckender Licht- und Klangspiele (u.a. die Aufzeichnung echter Geräusche aus jenen Kriegstagen), die den Besucher auf erschütternde Weise die Realität jener Tage nacherleben lassen. Das Museum ist in diesem Sinne eine Hommage der Warschauer Bevölkerung von heute an alle diejenigen, die vor 60 Jahren im Kampf ihr Leben für Polen und seine Hauptstadt geopfert haben. Das Museum ist aber auch ein vertiefender und wissenschaftlicher Weg zum Verständnis und zur Kenntnis jener Ereignisse, die mit den Tagen vor dem Aufstand beginnt und mit dem Schicksal, das den Rebellen nach dem Krieg vorbehalten war, endet, eine Zeit, die charakterisiert war von einer sehr komplizierten internationalen Lage und, in Polen, von einer kommunistisch ausgerichteten Regierung, die für die Erinnerung und Feier des Warschauer Aufstandes wenig Bereitschaft zeigte.

Bilder, die auf erschütternde Weise das besondere Klima wiedergeben, das im Museum des Warschauer Aufstands herrscht, wo getreue Rekonstruktionen, Dokumente, audiovisuelle Stellen, Kriegsklänge und Musik den Besucher in die bedrückende und dramatische Atmosphäre jener historischen, und doch nicht allzu fernen Tage zurückversetzen.

Nicht nur äußerst geschickte Lichteffekte, nicht nur Schauder
erregende Klangrekonstruktionen, nicht nur Erinnern
um des Erinnerns willen, sondern auch Maxifotos, die jene tragischen
Ereignisse des Warschauer Aufstands für immer verewigt haben,
wie auch Waffen, Gewehre und kleine Kanonen, die in jenen Tagen
die eigentlichen „Protagonisten" waren: Auf diese Weise wollte
das Museum, ohne etwas zu verbergen oder zu beschönigen,
dieses grausame Kapitel der Stadtgeschichte ins Gedächtnis
einprägen.

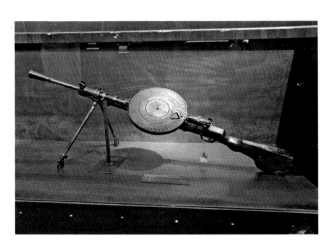

Uniformen und Manifeste, fetzenartige Geschichtsberichte und Flugzeuge,
die in den Tagen des Aufstands ihr dumpfes Dröhnen ertönen ließen,
wenn sie wie Pfeile über den Himmel der Stadt schossen, alles in diesem
Museum will daran erinnern, dass die unendliche Tragödie jener Tage,
die das Kriegsende in der polnischen Hauptstadt besiegelte,
wie auch das heldenhafte Opfer eines großen Teils der Bevölkerung
niemals vergessen werden dürfen.

DAS GHETTO

Bis zum Zweiten Weltkrieg besaß Warschau nach New York das größte und bevölkerungsreichste Judenviertel der Welt. Mit der nationalsozialistischen Besatzung wurde dieses im nordwestlichen Teil des Stadtzentrums gelegene Viertel in ein umzäuntes und geschlossenes Ghetto verwandelt. Ab 1942 setzte dann jene tragische und gigantische Deportation in die Konzentrationslager ein, die für nicht weniger als 300.000 Juden den fast sicheren Tod bedeutete.

Im Jahr 1943 wurde das gesamte Warschauer Ghetto infolge des verzweifelten Aufstands seiner Bewohner von den Nazis mit unerhörter Brutalität dem Erdboden gleich gemacht.

Aber bereits 1948 kam der Wunsch auf, mitten in diesem grauenhaften Ruinenfeld - nichts anderes war das damalige Warschau - dort, wo im April 1943 der erste Kampf zwischen den Aufständischen und den deutschen Truppen stattgefunden hat, in der Zamenhofa-Straße, ein Mahnmal zur Erinnerung an diese verzweifelten Helden zu errichten, das **Denkmal für die Helden des Ghettos**. Das Monument entstand aus der Zusammenarbeit des Architekten Marek Suzin und des Bildhauers Natan Rapaport und wurde bewusst mit Labradoritblöcken verwirklicht, einem aus Schweden importierten Felsgestein, das die Hitlerpropaganda speziell für den Bau von Siegesdenkmälern der Wehrmacht verwendete. Heute sind rund um das Denkmal ganze Wohnviertel gewachsen, doch ist die Erinnerung immer noch lebendig, nicht zuletzt aufgrund des Engagements vieler Menschen und zahlreicher Initiativen.

Dazu gehört auch der so genannte *„Gedächtnisbaum"*, eine Eiche, die man 1988 neben dem Monument gepflanzt hat, eine weitere Huldigung an die ermordeten jüdischen Polen und die Bürger, die ihnen zu Hilfe kamen.

Das Denkmal für die Helden des Ghettos.

Auf einem Parcours mit 16 Granitblöcken, auf denen neben dem Datum 1940-1943 polnische und jüdische Inschriften zu lesen sind, wurde 1988 die **Straße des Erinnerns** (rechts) eingeweiht, die den leidvollen Weg zwischen den beiden Hauptmonumenten im ehemaligen Judenviertel, dem Denkmal für die Helden des Ghettos und dem Denkmal auf dem Umschlagplatz darstellt. Ein stummes, feierliches Gedenken der fast 450.000 Juden, die von den Nazis vernichtet worden sind, aber auch der vielen Menschen aus dem Volk, die in jenen Jahren große Heldentaten vollbracht haben und deren Namen heute auf den Granitblöcken stehen.

An der Stelle, wo die Juden zusammen getrieben wurden, bevor sie in Viehwagons verladen und in die Konzentrationslager geschickt wurden, hat man 1988 ein essentielles Mahnmal aufgestellt, ein Werk des Bildhauers Władysław Klamerus und der Architektin Hanna Smalzenberg. Der neue Name, **Denkmal am Umschlagplatz** (unten), geht auf das Eisenbahnlager zurück, das sich früher in der Stawki-Straße befand. Dieses Denkmal will daran erinnern, dass dies eine der letzten Etappen im Leben von über 300.000

Juden zwischen 1942 und 1943 gewesen ist. Auf den Wänden sind unauslöschlich die Namen von Hunderten von Juden eingeritzt, die für die Gaskammern bestimmt waren. Einer von ihnen, dessen Geschichte – wenn überhaupt – noch tragischer ist als andere, bezieht sich auf Janus Korczak, einen Arzt, der sein ganzes Leben Kindern gewidmet hat und, da er die Kinder des jüdischen Waisenhauses, das er seit 30 Jahren leitete, nicht im Stich lassen wollte, es vorzog, mit ihnen nach Treblinka deportiert zu werden, wo sie alle den Tod fanden.

Anführer der Jüdischen Kampforganisation war 1943 Mordachai Anielewicz, ein siebenundzwanzigjähriger Jude, der auf einer Anhöhe von einem Bunker aus den verzweifelten Ghettoaufstand leitete. Kurz vor der Kapitulation wählte der Junge den Freitod, indem er den Bunker in die Luft sprengte. Auf diesem kleinen Hügel erinnert heute ein mit Inschriften übersäter schlichter Stein, der sog. **Gedenkstein am Bunker** (oben), an dieses tragische Ereignis.

Der Aufstand im Warschauer Ghetto

Alltag im Warschauer Ghetto (Bericht von Jürgen Stroop, April-Mai 1943).

Das Trümmerfeld nach der furchtbaren Zerstörung des Ghettos,
das die Deutschen 1945 systematisch dem Erdboden gleich machten.

Im Frühjahr 1943 leisteten die in dem inzwischen drastisch verkleinerten Ghetto verbliebenen Juden, erbittert über die unhaltbare Situation, unter Anführung der Jüdischen Kampforganisation verzweifelten Widerstand.

Die unmenschlichen Lebensbedingungen, die unerträgliche und immer härter werdende Verfolgung, die ständigen Deportationen, Verzweiflung, Hunger und Angst, die absolute Ausweglosigkeit, aber auch wiederum ein winziger blasser Hoffnungsschimmer waren der Anstoß für die Rebellion, die dann zu dem dramatischen Aufstand des Warschauer Ghettos und all seiner Bewohner führte. Männer, Frauen, Kinder und alte Leute kämpften tagelang heldenhaft Haus um Haus, Straße um Straße, aber es war alles vergebens, die feindliche Übermacht war zu groß.

Die SS-Nazis zeigten keinerlei Mitleid, sondern schlugen die Revolte nieder, indem sie das gesamte Viertel dem Erdboden gleichmachten und über 10.000 Menschen töteten.

Photo from the archives of IPN

Photo by Roger-Viollet/Archivi Alinari

Massenweise flüchten jüdische Männer und Frauen 1941 aus dem Ghetto.

Deutsche Soldaten kämpfen gegen jüdische Rebellen in den Straßen des Warschauer Ghettos.

Oben, jüdische Männer werden von deutschen Soldaten in die außerhalb des Ghettos gelegenen Arbeitslager geführt.

Photo by Roger-Viollet/Archivi Alinari

PRAGA

Der Flusslauf der Weichsel teilt die Stadt Warschau in zwei Teile.
Am linken Ufer liegt das eigentliche historische Zentrum,
aber auch die Gebiete auf dem rechten Weichselufer gehen auf alte Siedlungen zurück.
So ist hier seit dem 10. Jahrhundert bereits ein kleines befestigtes Dorf nachgewiesen,
das im Laufe der Zeit anwuchs und sich nach und nach
zu einer beachtlichen Ortschaft entwickelte,
die den Namen Praga erhielt, was soviel wie „Waldbrand" bedeutet.

Der historische Stadtteil, der heute zu Groß-Warschau gehört, seinen Namen aber beibehalten hat, besitzt einige sehenswerte Attraktionen aus jüngerer Zeit. So gibt es hier zum Beispiel eine Weichselbrücke, die **Most Świetokrzyski**, die mit ihrer essentiellen, kühnen Konstruktion den Fluss überspannt. Sie wurde im Jahr 2000 eingeweiht und zeichnet sich durch ihre ultramoderne und avantgardistische Linienführung aus. Mit ihrer einzigartigen Silhouette charakterisiert und beherrscht sie das Panorama dieses Stadtteils, wo jedoch auch Zeug-

nisse eines historischen und traditionellen Warschau zu finden sind, wie das *Monument der Warschauer Sirene*, die zum Wahrzeichen der Stadt geworden ist. Eine alte Legende erzählt, dass dieses mythische Wesen, halb Frau und halb Fisch, das in der Weichsel lebte, die Bewohner von Warschau beschützte und mit ihrem betörenden Gesang erfreute. Mit Sicherheit tauchte das Bild einer Sirene schon im 14. Jahrhundert im Stadtwappen auf. Dieses 2 Meter hohe Bronzedenkmal am Weichselufer wurde 1939 von Ludwika Nitsch geschaffen.

Bilder des Stadtteils Praga am rechten Weichselufer mit der kühnen Konstruktion der Świetokrzyski-Brücke, die hier das Stadtpanorama beherrscht; daneben ein schon gewohnter Anblick in Warschau: die Sirene, Wahrzeichen der Stadt.

Die schlanken neugotischen Schiffe der St. Florian-Kathedrale mit ihren aufstrebenden linearen Bauformen kennzeichnen die lichte Architektur dieser Kirche.

ST. FLORIAN-KATHEDRALE

Eine der bemerkenswertesten Kirchen des Stadtteils Praga ist St. Florian, eine neugotische Kirche mit schlanken, eleganten Bauformen, die 1992 zur Kathedrale erhoben wurde. Das zwischen 1888 und 1901 entstandene Gebäude stammt von Józef Dziekoński, der im gleichen Stil auch andere Kirchen in Warschau entwarf. Die neugotischen, linearen Formen beherrschen auch das **Innere** mit seinen hellen, aufstrebenden Schiffen. Die *Spitztürme* der Kirche, die sich am Warschauer Himmel abzeichnen, charakterisieren das Panorama dieses Warschauer Stadtteils.

ŁAZIENKI-PARK UND UMGEBUNG

Der im äußersten Südosten von Warschau gelegene Stadtteil erstreckt sich rund um den historischen und außerordentlich populären Łazienki-Park. Hier befinden sich zahlreiche Regierungsgebäude, Adelshäuser, Museen und historische Residenzen, große Alleen und wunderschöne Gartenanlagen. Ein elegantes Stadtviertel, dessen Mittelpunkt der Łazienki-Palast mit den in einem bezaubernden Park verstreuten Bauwerken sind.

ALEXANDERKIRCHE

Der Standort der Kirche, die von 1818 bis 1825 gebaut wurde, befindet sich dort, wo einst der Triumphbogen zur Erinnerung des Einzugs von Zar Alexander I. in Warschau (1915) stehen sollte, denn er war vom Wiener Kongress an die Spitze des neu geschaffenen Königreichs Polen gesetzt worden. Mit dem Entwurf der Kirche wurde Peter Christian Aigner beauftragt, der sich am Pantheon in Rom inspirierte. Sie ist wie ein Rundbau konzipiert, dem im Süden und im Norden je ein Portikus mit sechs korinthischen Säulen vorgelagert ist. Der ziemlich hohe Tambour mit Blendarkaden wird von einer flachen Kuppel überwölbt. Die Architektur zeichnet sich durch extreme Schlichtheit und sparsame De-

korationen aus. Auch das **Innere** wirkt wie ein kleines Pantheon, an den Wänden gibt es acht Nischen, von denen sich vier gegenüberliegen und durch Säulenpaare getrennt werden, die das Gurtgesims tragen. In den Nischen stehen die Büsten illustrer Persönlichkeiten, die sich durch den Dienst am Vaterland ausgezeichnet hatten. Bald erwies sich die Kirche als zu klein für die ziemlich große Gemeinde, sodass sie von 1886 bis 1894 im Stil der Neorenaissance umgebaut und erheblich erweitert wurde. Józef Pius Dziekoński zeichnete für den Neubau verantwortlich. Doch auch diese Kirche blieb nicht lange bestehen und wurde während des Warschauer Aufstandes von 1944 fast vollständig zerstört. Nach dem Krieg baute man sie nach dem Originalentwurf von Aigner wieder auf.

Der elegante Rundbau der Alexanderkirche aus dem 19. Jahrhundert.

ŁAZIENKI-PARK

Der Warschauer Łazienki-Park erstreckt sich auf dem Gelände des ehemaligen Jagdreviers der Herzöge Masowiens, die in der Nähe die Festung Jazdów (Ujazdów) besaßen. Nach dem Anschluss Masowiens an Polen wurde Jazdów vorübergehend königliche Residenz. 1548 ging es in den Besitz der Königin Bona, der Gemahlin von Sigismund III. Wasa, über und von ihr auf die Tochter Anna Jagellona. Anfang des 17. Jahrhunderts ließ König Sigismund III. Wasa hier das neue sog. **Ujazdówski-Schloss** errichten. 1674 erwarb der Marschall Stanisław Herakliusz Lubomirski den Besitz. Er vergab den Auftrag für den Bau von zwei Pavillons auf dem Gelände des Jagdreviers, für die Tylman van Gameren die Pläne lieferte. Einer war die **Eremitage,** ein ruhiger Ort, an den man sich zum Meditieren zurückziehen konnte, und der andere war das **Badehaus**. Nach diesem zweiten Pavillon, der auf einer von einem Kanal umgebenen Insel lag, wurde später die ganze Anlage benannt (Łazienki heißt auf Polnisch „Bäder"). Łazienki erreichte seine Glanzzeit erst unter Stanislaus August Poniatowski. Im Jahr 1764, noch bevor er gewählt wurde, kaufte er das Ujazdówski-Schloss und die umliegenden Grundstücke, mit der Absicht, hier eine Sommerresidenz zu errichten. Viele Jahre lang arbeiteten die besten königlichen Architekten, Maler und Bildhauer an diesem Projekt. Domenico Merlini lieferte den Entwurf, Jan Chrystian Kamsetzer arbeitete mit ihm zusammen an der Dekoration der Innenräume, während Marcello Bacciarelli und Johann Georg Plersch die dekorative Malerei ausführten. Die Skulpturen für die Innenräume und den Park schufen André Le Brun, Jacopo Monaldi, Franciszek Pinck und Tommaso Righi. Die künstlerischen Leistungen, an denen sich auch der König aktiv beteiligte, brachten einen Palast und eine große Parkanlage hervor, die das moderne Konzept eines Sommersitzes verkörperten, mit zahlreichen, unterschiedlich genutzten Pavillons, die in dem weitläufigen Garten und Park verstreut lagen.

Links und auf den folgenden Seiten, das Palais auf dem Wasser mitten im Łazienki-Park.

DAS PALAIS AUF DEM WASSER

1772 begann der König damit, das barocke Bad zu renovieren, zunächst ohne Veränderungen einzuführen. Dann ging der Ausbau in mehreren Stadien voran, bis zum Ende der Regierung von Stanislaus August (1795). 1784 begannen die Arbeiten der neuen Südfassade mit einem auf vier korinthischen Säulen ruhenden, konkaven Portikus. Auf der krönenden Balustrade stehen vier Statuen von Le Brun mit der symbolhaften Darstellung der Vier Jahreszeiten. 1788 erhielt auch die Nordseite eine neue Fassade. Sie wird durch korinthische Pilaster gegliedert und hat in der Mitte einen vorspringenden Portikus mit vier korinthischen Säulen, die einen Tympanon tragen; im Giebelfeld erscheint die königliche Kartusche zwischen weiblichen Figuren, die den *Ruhm* und den *Frieden* personifizieren. Auf dem Dach des Palastes befindet sich ein Belvedere mit halbrundem Fenster, darunter wölbt sich im Inneren eine Kuppel über dem zentralen Raum, der sog. *Badegrotte*. Vier Jahre später baute man jenseits des Wassers je einen Pavillon auf der Ost- und Westseite, die durch Bogenbrücken mit dem Palais verbunden waren.

Der schönste Saal ist der **Ballsaal**, der während des Umbaus von 1788 nach Plänen von Jan Chrystian Kamsetzer zustande kam. Seine elegante Dekoration harmonisiert in vollendeter Weise mit der Architektur. An der Südwand steht in der Nische über dem Kamin eine *Herakles-Statue*, und das Kamingesims stützen ein *Zerbe-*

Weitere Bilder vom Palais auf dem Wasser. Oben, eine Gladiatorenstatue auf der nördlichen Terrasse; unten, der Ballsaal; unten rechts, eine wunderschöne Wandmalerei im Ballsaal, ein Werk von J. G. Plersch mit der Darstellung Atropos durchschneidet den Lebensfaden. *Nebenstehende Seite, die Rotunde.*

rus und ein *Kentaur*. Auf der Querachse hierzu befinden sich eine Galerie für das Orchester und der Zugang zur Galerie. An der Galeriewand sieht man dekorative Basreliefs, die *Herakles und Deianeira* und *Apoll und Daphne*. darstellen. Zwischen ihnen befindet sich eine Uhr mit dem Kopf des Kronos, auf der gegenüberliegenden Seite das Wappen Polens.

Die **Rotunde** ist der zentrale Raum des Palais und eine Art Pantheon der Monarchen, die zum Wohle Polens regierten. Merlini gestaltete das Ambiente, doch stammt das Konzept wahrscheinlich von Stanislaus August selbst. Die Wände überziehen graue und gelbe Stuckfelder, die von weißen Stucksäulen unterbrochen werden. In den Nischen zwischen den Säulen stehen vier polnische Könige, die Stanislaus August besonders verehrte: *Kasimir d. Große, Sigismund d. Alte, Stephan Báthory* und *Johann III. Sobieski*. Über den Türen, die zu den benachbarten Räumen führen, sind die Büsten von drei römischen Kaisern angebracht, *Trajan, Titus* und *Mark Aurel*. Auf sie bezieht sich die Inschrift auf dem Fries rings um den Raum: „Mögen sie der Welt ein Beispiel sein".

Die Figuren und Büsten wurden von Jacopo Monaldi, André Le Brun und Franciszek Pinck ausgeführt. Die Ausschmückung der Rotunde wurde fertig gestellt, als der König bereits nicht mehr in Warschau residierte, sodass er sie nie in seiner endgültigen Form sah. Es war dies der einzige Saal, der 1944 nicht ausbrannte, doch erlitt er erhebliche Schäden und ein Großteil des originalen Mobiliars ging verloren.

Oben, das Weiße Haus mit dem Speisesaal (links).

Nebenstehende Seite, die Gartenfassade des eleganten Belvedere und, unten, das Amphitheater.

DAS WEISSE HAUS

Westlich vom Palais auf dem Wasser steht das in den Jahren 1774-1777 nach einem Entwurf von Domenico Merlini gebaute Weiße Haus, das erste Gebäude im Park, das für Stanislaus August errichtet wurde. Der Bau mit quadratischem Grundriss besitzt nur ein Obergeschoss und auf dem Dach ein Belvedere. Rings um das Dach verläuft eine Balustrade. Die Wände bestehen aus Rustikamauerwerk; im Erdgeschoss öffnen sich fünf Verandatüren, im ersten Stock kleine Bogenfenster. Dieses reizende kleine Palais gelangte glücklicherweise intakt bis in unsere Tage. Eine beträchtliche Anzahl von Zimmern im Weißen Haus enthält noch das originale Mobiliar.

DAS BELVEDERE

Südwestlich vom Palais auf dem Wasser, heute bereits außerhalb des Łazienki-Parks, liegt die alte Sommerresidenz der Familie Pac, das Belvedere. Das Warschauer Belvedere liegt malerisch auf einer hohen Böschung über der Weichsel und wurde 1659 für den Großkanzler von Litauen, Krzysztof Pac, errichtet. 1767 kaufte Stanislaus August Poniatowski das Palais von dem damaligen Besitzer und bezog es in den Łazienki-Park ein. Nach dem Tod des Königs erbte sein Neffe, Prinz Józef Poniatowski, das Gebäude. 1818 verkauften die damaligen Besitzer das Belvedere an die Regierung von Kongresspolen und überließ es dem Bruder des Zaren von Russland, Großherzog Konstantin, als Residenz. Zu dieser Zeit erhielt das Palais seine klassizistische Gestalt. Der bedeutendste geschichtliche Augenblick für das Belvedere ereignete sich in der Nacht des 29. November 1830, als Aufständische bis hierher vordrangen, um den verhassten Herzog Konstantin zu ermorden, der sich jedoch retten konnte. Danach wurden keine nennenswerten Veränderungen mehr an dem Gebäude vorgenommen. Seit 1918 ist das Palais offizielle Staatsresidenz, und von 1989 bis 1994 residierte hier der polnische Staatspräsident.

DAS AMPHITHEATER

Dieses Sommertheater, das sich an den Theatern der Antike inspiriert, befindet sich südlich vom Inselpalais. Die Sitzreihen sind im Halbkreis angeordnet, und die Bühne befindet sich auf einer Insel. Das Theater wurde von 1790 bis 1793 wahrscheinlich nach einem Entwurf von Jan Chrystian Kamsetzer gebaut. Auf der unteren Ebene des Theaters stehen rechts und links Skulpturen des *Sterbenden Gladiators* und der *Sterbenden Kleopatra*. In der Mitte, zwischen eisernen Schranken, befindet sich die Loge des Königs. Dahinter steigen die Stufen zum Zuschauerraum an, der von der Bühne durch ein Wasserbassin getrennt ist. Die Bühne besitzt eine permanente Kulisse in Form von Tempelruinen nach dem Vorbild des Tempels von Baalbek im Libanon. Vor der Bühne befindet sich der Orchestergraben.

MYŚLEWICKI-PALAIS

Das Myślewicki-Palais liegt im östlichen Teil des Parks, an einer ziemlich einsamen Stelle. Es entstand in mehreren Bauabschnitten zwischen 1775 und 1784 nach einem Entwurf von Domenico Merlini.

Das quadratische Hauptgebäude ist dreistöckig, aber nicht sehr groß, die seitlichen Pavillons wurden etwas später errichtet und mit dem Mittelbau über geschwungene Seitenflügel verbunden. Diese Flügel bestanden zunächst nur aus dem Erdgeschoss, auf dem von Balustraden umgebene Aussichtsterrassen lagen. Später stockte man das Erdgeschoss auf, sodass die seitlichen Pavillons in das Gebäude einbezogen wurden. Der Gesamteindruck ist ungemein malerisch, nicht zuletzt durch den Fassadenschmuck, der von großer künstlerischer Qualität zeugt. Im Übrigen ist dies das einzige Bauwerk in Warschau, dessen Dekorationen einen fast perfekten Erhaltungszustand aufweisen.

Auch das **Innere** des Palais konnte seine originale Ausstattung zum größten Teil intakt bewahren.

Einer der repräsentativsten Räume ist der **Speisesaal**, der im Erdgeschoss in der Ostecke des Hauptgebäudes liegt (und später in ein Schlafgemach verwandelt wurde). Die Längsachse betont ein Kamin aus Marmor mit einem Spiegel darüber. Die Wände bedecken Gemälde mit Ansichten von Rom und Venedig.

Es gibt im Westteil des Erdgeschosses noch einen kleinen **Raum** mit Landschaftsdekorationen, es handelt sich um sieben Fantasieansichten antiker Ruinen vor dem Hintergrund romantischer Landschaften.

Die Fassade des Myślewicki-Palais.

DER DIANA-TEMPEL

Dieser kleine Tempel liegt in einem abgeschiedenen Winkel des Parks, unterhalb des Belvedere. Nachdem 1817 der Łazienki-Park in den Besitz von Zar Alexander I. gelangt war, wurde dieser Teil abgetrennt und in die Ländereien des Belvedere, damals Residenz des Zarenbruders Großherzog Konstantin, einbezogen. Der Belvedere-Garten ist eine Anlage im Stil der Romantik, mit weiten Wiesen, die von Buschwerk und Baumgruppen eingefasst sind. Gegenüber vom Palast entstand ein Teich mit unregelmäßiger Form; in seinem östlichen Teil schuf man ein mit Bäumen bewachsenes Inselchen, das über eine Brücke zugänglich ist. Auf der Nordseite des Teiches errichtete man auf einem Hügel den sog. Diana-Tempel. Es handelt sich um einen rechteckigen Holzbau mit ionischem Portikus, der an die Tempel der der griechischen Klassik erinnert. Zwei gusseiserne Löwen bewachen den Tempeleingang. Das Baudatum wird auf 1820-1822 geschätzt.

Neben dem Diana-Tempel entstanden im Belvedere-Garten noch zwei Pavillons, die neugotische **Orangerie**, der sog. **Ägyptische Tempel** und die *Ägyptische Brücke*.

Oben: Die dreigeschossige monumentale Nische, die ein mit Rosetten verziertes Kassettengewölbe krönt, ist in die Fassade einbezogen. Unten, der Speisesaal im Myślewicki-Palais. Rechts, der Diana-Tempel.

Denkmal für Johann III. Sobieski

Eines der bedeutendsten Denkmäler im Łazienki-Park ist die Reiterstatue von *König Johann III. (Jan Sobieski)* auf der Brücke in der Agrykola-Straße, die den Teich nach Norden abschließt. Die Statue schuf Franciszek Pinck, wahrscheinlich nach einem Entwurf von André Le Brun. Der ritterlich gekleidete König sitzt auf einem sich aufbäumenden Pferd, unter dessen Hufen ein Türke liegt; daneben liegen seine Waffen, die Kriegsbeute des Königs. Als Vorbild für das Monument diente die Stuckfigur *Johanns III.*, die sich im Wilanów-Palast befindet. Um das Denkmal aufstellen zu können, musste die kleine Brücke auf der Agrykola-Straße erweitert werden, indem man zwei terrassenartige Anbauten und Arkaden auf der Nordseite hinzufügte. Die Enthüllung dieses größten Denkmals im Łazienki-Park feierte man am 14. September 1788, dem Jahrestag des Sieges über die Türken bei Wien.

Chopin-Denkmal

Die Geschichte dieses Denkmals ist mit zahllosen Hindernissen verbunden. Die Warschauer Musikgesellschaft hatte 1876 als erste die Idee, dem großen polnischen Komponisten in Warschau ein Denkmal zu setzen. Aufgrund der Schwierigkeiten, die durch die Teilung des Landes entstanden waren, beschränkte man sich zunächst darauf, eine Gedenktafel an einem Pfeiler der Heiligkreuzkirche anzubringen, in der Chopin begraben war. Anlässlich des 50. Todestages des Komponisten im Jahre 1899 wurde die Idee eines Denkmals jedoch wieder aktuell. 1902 gründete man in Warschau eine Gesellschaft für die Errichtung eines Monumentes zu Ehren von Frédéric Chopin, und 1908 wurde ein öffentlicher Wettbewerb für den Denkmalentwurf ausgeschrieben, den der berühmte Maler und Bildhauer Wacław Szymanowski gewann. Die Ausführung der Statue, die in Frankreich gegossen werden sollte, ging wegen ständiger Änderungen und finanzieller Schwierigkeiten nur sehr langsam voran und wurde schließlich durch den Ausbruch des Ersten Weltkrieges unterbrochen. Auch nach dem Krieg geriet das Projekt ins Stocken, und nur dem eisernen Willen des Künstlers, der eines seiner bedeutendsten Arbeiten zum Abschluss bringen wollte, war es letztendlich zu verdanken, dass das Monument aufgestellt werden konnte. Die Enthüllung fand am 14. November 1926

statt, fünfzig Jahre nach der Planung und fast 25 Jahre nach dem Beginn der Arbeiten. Doch blieb das Chopin-Denkmal nur 18 Jahre lang an seinem

Standort, denn während des letzten Krieges wurde Chopins Musik von den Nationalsozialisten verboten, die alle bildlichen Darstellungen des Künstlers zerstörten. Auch das Denkmal im Łazienki-Park entging diesem Schicksal nicht und wurde sogar als erstes Warschauer Denkmal umgestürzt. Nach dem Krieg erfolgte seine sorgfältige Rekonstruktion und Wiedererrichtung am ursprünglichen Platz.

WILANÓW

*Der Königsweg, der vom Königsschloss über die Krakowskie Przedmieście, Nowy Świat und Aleje Ujazdowskie
nach Süden führt, endet schließlich in Wilanów (Villa Nova), der Vorstadtresidenz von König Johann III. Sobieski.
Der König kaufte 1677 die früher Milanów genannten Ländereien von Wilanów,
und noch im gleichen Jahr begannen die Bauarbeiten der Residenz.
Aus dem anfänglich lateinischen Namen Villa Nova wurde schon bald das polnische Wilanów.
Den Entwurf für das Schloss, an dem auch der König selbst beteiligt war,
lieferte der in Polen wirkende italienische Hofarchitekt Agostino Locci.*

Das erste Gebäude war ein für diese Zeit typisches Herrenhaus mit vier Seitenpavillons. In den Jahren 1681-1682 erweiterte man es um ein Zwischengeschoss und Gartengalerien mit Türmen und einer Attika, die man mit Musen darstellenden Steinstatuen schmückte. Ein weiterer Ausbau erfolgte 1684 bis 1696; damals entstanden das Obergeschoss im Hauptgebäude und die Bekrönung der seitlichen Risaliten; die Türme erhielten Kupferhelme und die Weltkugel stützende Atlantenfiguren. So wandelte sich die Residenz vom Herrenhaus zur italienischen Barockvilla.

Der Palast war jedoch mehr als eine königliche Re-
sidenz, er war die Verherrlichung des kriegerischen Königs Johann III. Glanzvoller Höhepunkt dieses künstlerischen und ideologischen Programms, das den polnischen Monarchen und seine Familie verherrlicht, ist die Dekoration im Obergeschoss über dem Haupteingang, wo die Sonne als Symbol der höchsten Macht ihre Strahlen auf einen von Putten getragenen Schild mit dem Wappen der Sobieski wirft.

Nach dem Tod von Johann III. im Jahre 1696 traten seine Söhne Alexander und Konstantin das Erbe von Wilanów an. Letzterer verkaufte die Residenz 1720 an eine Freundin der Familie, Elżbieta Sieniawska, die Frau des

Wunderschöne Ansichten von Wilanów. Links, die Westfassade des Palastes; oben, die Gartenfassade des Nordflügels.

Krongroßhetmans, die bald damit begann, den Palast zu erweitern. Nach Plänen von Giovanni Spazzio wurden 1723-1729 auf beiden Seiten des Innenhofes Flügel angebaut.

Nach dem Tod von Elżbieta Sienawska (1729) ging Wilanów an ihre Tochter Maria Zofia Denhoffowa, die spätere Gemahlin des Herzogs August Czartoryski, über. Sie setzte das Werk der Mutter fort und erweiterte den südlichen Flügel nach Plänen des sächsischen Architekten Johann Sigismund Deybel, der nach dem Tod von Spazzio im Jahr 1726 in Wilanów die Rolle des königlichen Architekten übernommen hatte. Auf Initiative der Herzogin Izabela Czartoryski erfuhr der Palast von 1781 bis 1794 unter der Leitung eines berühmten deutschen Architekten, Simon Gottlieb Zug, weitere gestalterische Umbauten. Die Erweiterung und Restaurierung des Palastes kamen 1794 beim Ausbruch des Kościuszko-Aufstandes zum Erliegen. Eine neue Phase begann 1799, als Alexandra geb. Lubomirska und Stanisław Kostka Potocki Besitzer von Wilanów wurden. Potocki war eine einflussreiche Persönlichkeit der polnischen Aufklärung, aber auch Kunstkenner und -sammler. Bei Peter Aigner gab er eine neugotische Galerie in Auftrag, die seine Sammlung aufnehmen sollte. 1805 öffnete er sie für Publikum und schuf damit eines der ersten Museen in Polen. Auch an den Außenanlagen des Palastes wurde einiges verändert; auf dem erweiterten Parkgelände entstanden von Aigner entworfene

117

romantische Bauten, wie z.B. eine römische Brücke und ein chinesisches Teehaus.

Nach dem Tod von Stanisław Kostka übernahmen dessen Sohn Aleksander und der Enkel August den Palast. Letzterer ließ anstelle der neugotischen Galerie, die sein Großvater 1845-1848 gebaut hatte, den zweiten Abschnitt des Nordflügels errichten. Nach dem Tod von August Potocki und seiner Frau Alexandra waren die Mitglieder der Familie Branicki bis 1945 Eigentümer des Palastes. Als 1944 der Warschauer Aufstand ausbrach, besetzten die deutschen Truppen den Palast. Beim Rückzug der Deutschen wurde Wilanów wiederholt geplündert, dabei wurden kostbare Gemälde, Teppiche, Silbergerät und Keramik entwendet.

Nach 1945 richtete man in Wilanów ein ständige Abteilung des Warschauer Nationalmuseums ein, und nach umfassenden Restaurierungsarbeiten konnte der Palast 1962 auch für Publikum geöffnet werden. Die gestohlenen Kunstwerke kehrten größtenteils nach Wilanów zurück.

Links, die zum Hof des Nordflügels des Palastes blickende Fassade und, unten, die Gartenfassade des Südflügels.

Nebenstehende Seite, oben links, Detail der Dekoration an der Gartenfront; rechts, Dekoration des Südpavillon an der Gartenfront; unten links, das elegante Große Vestibül.

DAS INNERE DER PALASTANLAGE

Das Innere der Palastanlage umfasst eine Reihe von Räumen aus dem 17., 18. und 19. Jahrhundert. Die ältesten, aus der Zeit von König Johann III., liegen im Hauptgebäude und in den beiden Galerien. Die Wohnräume befinden sich nach der Tradition polnischer Herrenhäuser im Parterre und nicht im ersten Stock, wie es etwa die Richtlinien der modernen Palastarchitektur vorschreiben.

Das **Große Vestibül** war zu Zeiten Johanns III. der ideologische und künstlerische Brennpunkt des Palastes. Die Deckendekoration von Jerzy Eleuter Siemiginowski stellt eine *Allegorie des Tages und der Nacht* dar, mit dem Gott des Tages, Apoll, einer Verkörperung des Königs, im zentralen Bereich. Leider zeigt das Große Vestibül heute ein völlig anderes Erscheinungsbild. Die neue Dekoration entwarf Simon Gottlieb Zug gegen Ende des 18. Jahrhunderts.

Die **Galerien**, die das Hauptgebäude mit den Türmen und Seitenflügeln verbinden, tragen an den Wänden und Decken einen Gemäldezyklus mit der *Liebesbeziehung zwischen Amor und Psyche*. Michelangelo Palloni malte ihn in Form einer Allegorie der Liebe, die Johann III. für Maria Kasimira empfand. Die nördliche Galerie, die zu dem Flügel führt, der Teile von Stanisław Kostka Potockis Sammlung enthält, beherbergt auch Potockis Reiterbildnis, das der berühmte klassizistische Maler Jacques Louis David aus Frankreich im Jahre 1781 anfertigte.

Viele barocke Elemente aus der Zeit Johanns III. finden sich in den **Schlafräumen** und **Vorzimmern**; hier sind die Decken mit Allegorien der *Vier Jahreszeiten* geschmückt, die Siemiginowski nach 1680 ausführte. Das Deckengemälde im Schlafzimmer des Königs zeigt eine allegorische Darstellung des *Sommers* – der strahlende Phöbus verkörpert Johann III. – und der *Aurora* in Gestalt der Maria Kasimira. Das prächtige Himmelbett des Königs ist reich verziert mit Kriegsattributen – Rüstung, Schilde und Schwerter – die mit kostbaren Steinen ausgelegt sind. Das königliche Vorzimmer vor dem Schlafraum schmückt ein Deckengemälde mit der Allegorie des *Winters*, wo der Windgott Äolus die stürmischen Winde zähmt. Auch diese Metapher bezieht sich auf Johann III., den mächtigen Herrscher, insofern als er die „Winde" der Politik beschwichtigt, die das Land in Aufruhr bringen. Im Schlafraum der Königin stellt das

119

Oben, das Vorzimmer des Königs und das Schlafzimmer des Monarchen; rechts, die Decke des Spiegelkabinetts mit einer Darstellung der Aurora.

Die Nordgalerie des Palastes mit dem Porträt von Stanisław Kostka Potocki.

Deckengemälde den *Frühling* dar – mit der Blumen streuenden Göttin Flora, einer Personifizierung der Schönheit der Königin und des Gefühls der Liebe, die sie in ihren Untertanen weckt; im Vorzimmer der Königin ist an der Decke der *Herbst* in Gestalt der Erntegöttin Pomona wiedergegeben – sie symbolisiert den guten Einfluss der Sobieski, unter deren Regierung Polen in Wohlstand und Überfluss lebte.

Von besonderem Interesse ist das **Spiegelkabinett** in den Appartements der Königin im südöstlichen Teil des Gebäudes. Das Deckengemälde des französischen Malers Claude Callot stellt Maria Kasimira als *Aurora* und die drei Söhne des Königs als *Winde* dar.

121

Der schönste und monumentalste Raum in den königlichen Gemächern ist der zweistöckige sog. **Große Speisesaal von August II.**, den Johann Sigismund Deybel um 1730 entwarf. Die Wände werden von korinthischen Pilastern gegliedert; der doppelten Fensterreihe an der Südwand entspricht eine doppelte Spiegelordnung an der gegenüberliegenden Wand. An den Schmalseiten, über den marmornen Kaminen, befinden sich Emporen für das königliche Orchester.

Zu den sehenswertesten Räumen gehört das **Freskenkabinett** mit Dekorationen, die schon zur Zeit, als Wilanów noch Elżbieta Sieniawska gehörte, von dem Maler Giuseppe Rossi geschaffen wurden. Besondere Erwähnung verdient hier der *Kleine Mohr, der einen Käfig mit einem kleinen Papagei in der Hand hält.*

Der Garten. Im Laufe der Jahrhunderte erlebte der Park von Wilanów, wie auch die Residenz, verschiedene Veränderungen, je nach Zeitgeschmack und den Wünschen

Links, der prunkvolle Speisesaal von August II; unten, das Freskenkabinett im Obergeschoss des Hauptgebäudes.

der Besitzer. Der älteste zentrale Teil aus der Zeit Johanns III. liegt auf zwei Ebenen zwischen dem Palast und dem See. Dann gibt es einen geometrisch angelegten Barockgarten in französisch-italienischem Stil mit dekorativen Blumenbeeten, hohen Doppelhecken und Seeblick. Die beiden Parkebenen sind mit einer zweifachen, auf die Schlossachse ausgerichteten Freitreppe verbunden. Südlich des Palastes befindet sich auf der Gebäudeachse eine rechteckige Plattform mit vier *Herkulesfiguren*. Hier geht der barocke Garten in einen romantischen Park anglo-chinesischer Inspiration über, den Prinzessin Izabela Lubomirska gegen Ende des 18. Jahrhunderts anlegen ließ. Nördlich des Palastes

Der Chinesische Kiosk, den Peter Aigner für den Wilanów-Park schuf (19. Jh.).

erstreckt sich auf zwei Ebenen ein Englischer Garten, den Stanisław Kostka Potocki Anfang des 19. Jahrhunderts schuf.

Am Nordrand des Gartens liegt eine künstliche Insel, wo eine Statue an die Schlacht von Raszyn gegen die Österreicher (1809) erinnert. Die Insel ist über eine von Peter Aigner entworfene Bogenbrücke mit dem Festland verbunden. Von Aigner stammt auch das chinesische Teehaus, das in der Nähe steht. Im Nordteil liegt außerdem die *Orangerie* (18. Jh.) mit einem zum See gerichteten, klassizistischen Portikus; dahinter liegt das *beheizte Gewächshaus*. Der Park von Wilanów ist mit seinem Formenreichtum und seinen eleganten Dekorationselementen wie Skulpturen, Brunnen und kleinen Pavillons einer der schönsten Gärten von Polen.

ALTER JÜDISCHER FRIEDHOF

Westlich der Altstadt und des ehemaligen Judenghettos erstreckt sich ein weites Gelände in einem alten romantischen Park, der in verschiedene Sektoren unterteilt und den großen Friedhöfen der einzelnen Religionen – jüdisch, protestantisch und katholisch – gewidmet ist. Der Jüdische Friedhof, der Anfang des 19. Jahrhunderts auf der Ulica Okopowa angelegt wurde und heute nicht mehr für Beerdigungen benutzt wird, hinterlässt beim Besucher einen tiefen Eindruck und ein Gefühl der Bedrücktheit. Zahllose Gräber ragen aus dem Grün hervor, von schlichten, mit traditionellen Symbolen beschrifteten Grabsteinen, auf denen meist der Familienname und der Beruf des Verstorbenen angegeben sind, bis zu regelrechten Mausoleen und aufwendigen

Kapellen in verschiedensten Stilformen. Hier ruhen Künstler und Schriftsteller, Rabbiner und Wissenschaftler, Journalisten und Philanthropen, kurz, Vertreter der ganzen Menschheit, die so viel zur Geschichte dieser Stadt beigetragen haben.
Hier befindet sich u.a. das ehrwürdige Grabmal der berühmten Schauspielerin Estera Rachela Kamińska, die 1915 das jüdische Theater in Warschau gegründet hat. Ein weiteres ergreifendes Grabmonument ehrt den berühmten Arzt Janusz Korczak; die Skulpturengruppe zeigt ihn, wie er die jüdischen Waisenkinder, denen er sein ganzes Leben gewidmet hatte, an die Hand nimmt und einem traurigen Schicksal zuführt, das im Konzentrationslager Treblinka endet.

Oben links, einige der Hunderte von Grabsteinen auf diesem Friedhof; oben, das Grabmal für Estera Rachela Kamińska; links, das Denkmal der Helden des Ghettos; unten, das ergreifende Grabmonument für Janusz Korczak, der hier mit seinen geliebten Waisenkindern dargestellt ist.

125

Eindrucksvoller Blick auf die vielen großen und kleinen Gräber im Schatten hoher Friedhofbäume.

DER KATHOLISCHE POWĄZKI-FRIEDHOF

Diese 1790 gegründete Anlage ist der älteste Friedhof der Stadt. Gleich am Anfang steht eine dem hl. Karl Borromäus gewidmete Kirche, die Ende des 18. Jahrhunderts von König Stanislaus August Poniatowski, zusammen mit seinem Bruder, dem damaligen Primas von Polen, errichtet wurde. Auch dieser Friedhof ist übersät mit Aberhunderten von Gräbern in sämtlichen Formen und Abmessungen, eingebettet in einen schattigen Park, in dem nicht selten echte Kunstwerke anzutreffen sind. An den Wegen reihen sich die Grabmäler von Künstlern, Schriftstellern, Soldaten und Politikern aneinander. Die 1792 geschaffenen und ein halbes Jahrhundert später erweiterten Galerien, sog. „Katakomben", enthalten darüber hinaus die Grabdenkmäler für Familienmitglieder des Königs Stanislaus August sowie für andere illustre Persönlichkeiten Polens. Auf diesem Friedhof ruhen unter anderem die Eltern von Chopin und Władisław Reymont, der Nobelpreisträger für Literatur, der Bildhauer Jan Szczepkowski und der zweite polnische Staatspräsident der zwanziger Jahre des 20. Jahrhunderts, Stanisław Wojciechowski, ferner Lusia Racibowowska, deren Grabmonument eine wunderschöne Skulptur aus weißem Marmor schmückt.

Unter den zahllosen Grabsteinen,
die auf diesem Friedhof an das Leben
von abertausenden Personen erinnern,
fällt die fein gestaltete Skulptur
des Grabes von Lusia Raciborowska
auf (oben). Unten Mitte, das Grab von
Władisław Reymont, Nobelpreisträger für
Literatur im Jahr 1924 und, unten rechts,
das Grab des Bildhauers Jan Szczepkowski.

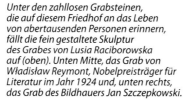

INHALT